AUGUSTE COMTE

QUELQUES PRINCIPES

DE,

CONSERVATION SOCIALE

PAR

LÉON DE MONTESQUIOU

Prix : **O** fr. **35**

BUREAUX

L'ACTION FRANÇAISE

PARIS

17, RUE CAUMARTIN

L'ACTION FRANÇAISE

3, CHAUSSÉE D'ANTIN, PARIS IX

Téléphone 326-49. — Adresse télégraphique ACTIOFRAN, PARIS

Henri VAUGEOIS, Directeur

L'*Action française* s'adresse au patriotisme. quant il est conscient, réfléchi, rationnel.

Fondée en 1899, en pleine crise politique, militaire et religieuse, l'*Action française* s'inspirait du sentiment nationaliste : son œuvre propre fut de soumettre ce sentiment à une discipline sérieuse.

« Un vrai nationaliste, posa-t-elle en principe, place la Patrie avant tout; il conçoit donc, il traite donc, il résout donc toutes les questions pendantes DANS LEUR RAPPORT AVEC L'INTÉRÊT NATIONAL.

« Avec l'intérêt national, et non avec ses caprices de sentiment.

« Avec l'intérêt national, et non avec ses goûts ou ses dégoûts, ses penchants ou ses répugnances.

« Avec l'intérêt national, et non avec sa paresse d'esprit ou ses calculs privés, ou ses intérêts personnels. »

En se pliant à cette règle, l'*Action française* fut contrainte de reconnaître la rigoureuse nécessité de la Monarchie dans la France contemporaine.

Etant donné la volonté de conserver la France et de mettre par-dessus tout cette volonté de salut, il faut conclure à la Monarchie; l'examen détaillé de la situation démontre en effet qu'une Renaissance française ne saurait avoir lieu qu'à cette condition.

Si la restauration de la Monarchie paraît difficile, cela ne prouve qu'une chose : la difficulté de la Restauration française.

Si l'on veut celle-ci, il faut aussi vouloir celle-là.

L'*Action française* voulait ceci et cela, elle devint donc royaliste. Chacun de ses numéros, depuis lors, tendit à FAIRE DES ROYALISTES.

Les anciens royalistes eurent plaisir à se voir confirmer, par des raisons souvent nouvelles, dans leurs traditions et leur foi.

Mais l'*Action française* visa plus particulièrement ces patriotes qui sont tout enlisés encore dans le vieux préjugé démocratique, révolutionnaire et républicain : elle dissipe ce préjugé anarchiste, et, du patriotisme rendu plus conscient, elle exprime et fait apparaître le royalisme qui s'y trouvait implicitement contenu. Beaucoup de républicains ont été ainsi ramenés à la royauté. Bien d'autres y viendront si l'*Action française* est mise en état de les atteindre et de les enseigner.

Au nom des résultats acquis, en vue des résultats possibles, l'*Action française* demande à tous les royalistes, anciens ou nouveaux, un concours ardent, dévoué, incessant.

L'ACTION FRANÇAISE

ORGANE DU NATIONALISME INTÉGRAL

Journal Quotidien du Matin à 5 centimes

Directeur politique : Henri VAUGEOIS
Directeur-Rédacteur en chef ; Léon DAUDET
Collaboration quotidienne de Charles MAURRAS

		1 an	6 mois	3 mois
Tarif des	Paris, Seine et Seine-et-Oise...	20 fr.	10 fr.	5 fr. 50
Abonnements :	Provinces et Alsace-Lorraine ...	24 fr.	13 fr.	7 fr. »
	Etranger....................	36 fr.	13 fr.	10 fr. »

Rédaction et Administration : 3, Chaussée d'Antin, Paris

AUGUSTE COMTE

AUGUSTE COMTE

QUELQUES PRINCIPES

DE

CONSERVATION SOCIALE

PAR

Léon de MONTESQUIOU

Prix : **0 fr. 25**

PARIS

BUREAUX DE *L'ACTION FRANÇAISE*

3, CHAUSSÉE D'ANTIN, 3

—

1911

PRÉFACE

J'ai entrepris de donner ci-après un court aperçu (1) des conceptions d'Auguste Comte sur quelques-unes des questions d'ordre social dont on discute le plus actuellement. Mais je voudrais auparavant définir quelle est exactement vis-à-vis de ce philosophe la position de ceux qu'on a pris l'habitude d'appeler les positivistes de l'Action française.

Positiviste a chez Comte un sens plus défini et plus plein qu'il ne peut avoir ici. On sait, en effet, ce que Comte a voulu faire du positivisme ; une religion, une religion sans métaphysique, c'est-à-dire faisant abstraction de toute cause première et ne comprenant que ce que l'observation peut nous découvrir de l'univers. Et cette religion il la déclarait la religion universelle de l'avenir. Je ne crois pas qu'il y ait actuellement en France beaucoup de disciples intégraux de Comte, si tant est qu'il s'en trouve un seul. Ceux-ci et ceux-là qui se disent positivistes ou disciples d'Auguste Comte, je les vois tous, en effet, rejeter une part plus ou moins

(1) J'ai exposé avec plus amples développements la philosophie d'Auguste Comte, dans deux volumes : *Le Système politique d'Auguste Comte*, un vol. in-18 et *Les Consécrations positivistes de la vie humaine*, un vol. in-18, à la Nouvelle Librairie Nationale, 85, rue de Rennes.

importante des conceptions de ce philosophe. Nous devons le déclarer franchement, nous l'avons fait aussi. Pour nous le positivisme n'est pas une religion. Mais il est une philosophie qui offre à tous des armes pour défendre les grands principes sociaux et combattre la Révolution, et qui plus particulièrement peut aider l'incroyant à se maintenir dans la voie de l'ordre et du devoir. Ceux, en effet, qui perdent la foi, l'expérience nous le montre, en viennent bien souvent à étendre leur incroyance jusqu'aux principes les plus fondamentaux de l'ordre moral et social. Si c'est par corruption du cœur, j'entends par là si l'incroyant ne portait autrefois en lui aucun amour désintéressé du bien, et s'il n'était retenu dans le devoir que par la crainte du châtiment divin, laquelle crainte n'existant plus, il ne reste plus rien pour le retenir, alors à son désordre intellectuel et moral je ne vois guère de remède. Mais cette chute dans l'anarchie peut résulter aussi, le cœur restant bon, d'une simple ivresse de la raison; fière de ce qu'elle appelle son émancipation elle se met à vagabonder et à traduire à son tribunal tous les principes qu'elle était accoutumée jusque-là à faire reposer sur les croyances religieuses qu'elle vient de secouer. Et comme elle est trop faible ordinairement pour trouver à ces principes des fondements qui la satisfassent, elle fait de ses sentences autant de condamnations.

J'ai entendu certains s'écrier : « Si je ne croyais pas en Dieu, je me conduirais en sacripant. » Lorsque c'est un honnête homme qui parle ainsi, à mon avis il s'abuse sur lui-même. Un honnête homme, après la perte de sa foi, *je crois, en effet, qu'il pourra être encore enclin au devoir et au dévouement. Mais j'ajoute que cette tendance au bien qu'il conservera je lui vois à elle-même une source religieuse. L'homme en effet qui porte en lui des sentiments élevés n'est pas l'œuvre d'un jour. Il est le résultat d'une culture séculaire. Aussi ces élans du cœur qui survivent à la ruine de sa foi, il les doit à la religion de la multitude de ses devanciers, dont il est l'aboutissement, religion qui continue à le pénétrer sous cette forme instinctive et sentimentale; il les doit à la société dont il fait partie et qui agit sur lui par ses préjugés, ses mœurs, les exemples qu'elle lui offre, toutes choses qui par leur origine sont aussi directement ou indirectement, dans ce qu'elles ont de meilleur, de la religion.*

Celui qui n'a pas de religion, disait un grand philosophe, vit protégé par la religion des autres. Ceci résume ce que je viens d'exposer, si l'on comprend le mot « protégé » dans le sens de soutenu, guidé, et si par « autres » on entend encore bien plus que les contemporains, la masse des devanciers.

Mais pour qu'il en soit ainsi, il ne faut pas que la raison vienne travailler contre cette « religion des autres », ou tendance spontanée vers le bien qui subsiste en nous, après la perte de la foi. Car dans ce cas le naufrage risquerait d'être complet. Or c'est ici qu'Auguste Comte nous vient en aide en nous montrant les fondements rationnels de ces principes d'ordre moral et social auxquels nous prétendons dorénavant ne plus obéir avant de les avoir soumis à notre critique et avoir jugé personnellement de leur

valeur. Mais qu'on le comprenne bien. Ces principes n'ont ordinairement de valeur que par
rapport à un but plus élevé que notre simple
individu. Lorsque Comte nous en fait connaître
les fondements rationnels, cela ne peut donc
agir sur nous que si nous sommes capables
d'être touchés par la contemplation d'un intérêt
supérieur au nôtre. Ce qui est affaire de cœur
et non de raison. En d'autres termes, nous
pouvons demander à la raison de ne pas détruire
par des sophismes la tendance au bien qui
existe en nous; nous pouvons lui demander
d'étayer et de consolider cette tendance par
une haute compréhension des conditions de
l'ordre; mais nous ne pouvons lui demander de
créer cette tendance là où cette tendance n'existe
pas. Quel raisonnement par exemple pourrait,
en effet, nous convaincre de nous employer ou
de nous sacrifier pour autrui, pour la société,
si nous n'avons pas préalablement en nous
l'amour de la société et d'autrui ?

*
* *

Ainsi donc ce que nous trouvons d'infiniment
précieux chez Comte c'est de quoi protéger
contre les sophismes de la raison tous ceux que
l'anarchie pourrait tenter, et de quoi plus spécia-
lement maintenir dans la voie du devoir, de la
vertu et du dévouement l'âme que la perte de
sa foi met à tous ces points de vue en danger.
Mais nous l'avons fait remarquer : au point de
vue devoir, vertu, dévouement, cette âme béné-
ficie d'un apport ancestral et social qui est indirectement encore de la religion. Si un incroyant
se montre homme de bien, cela ne prouve donc

nullement qu'une société, qu'une civilisation puisse être fondée sur l'incroyance, puisque ce qu'il y a de bien dans l'incroyant lui vient de ceux qui ont cru. A plus forte raison si quelques-uns se contentent pour la vie de leur âme de la philosophie positive, il ne s'ensuit nullement qu'une société pourrait s'en satisfaire.

Cependant Comte pensait, car il croyait l'avoir établi comme une loi inéluctable de l'esprit, que l'humanité tout entière devait en arriver fatalement à l'incroyance, ou plus exactement à l'agnosticisme, qu'il ne faut pas confondre avec l'athéisme : chez Auguste Comte, en effet, les questions de métaphysique ne se résolvent pas par une négation, mais par un aveu d'impuissance à les résoudre (1). Pensant ainsi que la perte des croyances surnaturelles était fatale, l'effort de Comte a tendu à sauver l'ordre en lui donnant une nouvelle base, par la fondation d'une religion positiviste, c'est-à-dire sans surnaturel, religion qu'il déclarait devoir être la religion définitive et universelle de l'avenir. Certes il regardait cette religion comme un progrès sur toutes les autres religions. Néanmoins il n'était pas dans la situation d'esprit de ceux qui croient posséder une vérité absolue, et qui voudraient l'imposer à tous. Comte ne pouvait penser, en effet, faire adopter sa religion que de

(1) Quoique l'ordre naturel, écrivait Comte, « soit à tous égards très imparfait, sa production se concilierait beaucoup mieux avec la supposition d'une volonté intelligente qu'avec celle d'un aveugle mécanisme. Les athées persistants peuvent donc être regardés comme les plus inconséquents des théologiens puisqu'ils poursuivent les mêmes questions en rejetant l'unique méthode qui s'y adapte. » Et en politique, Comte reprochait à l'athéisme d'aboutir à rendre indéfinie la situation révolutionnaire en inspirant une haine aveugle envers le passé.

ceux qui se résignent à laisser sans réponse toute question touchant le surnaturel. Pour les autres il savait bien que le positivisme n'était pas capable de les contenter puisqu'il ne répondait pas à tous les besoins de leur âme. Or, ceux-là il les engageait à se réfugier dans le monothéisme ou croyance en un seul Dieu comme étant la doctrine la plus satisfaisante pour l'esprit, dès lors que l'esprit prétend s'élever jusqu'à la cause première. Et parmi les religions monothéistes celle qu'il déclarait supérieure à toutes les autres, à tous les points de vue, était le catholicisme. Aussi sa position pratique, en ce qui concerne la propagande, il l'a définie lui-même ainsi : — Presser « tous ceux qui croient en Dieu de se faire catholiques au nom de la logique et de la morale, tandis que tous ceux qui n'y croient pas seront poussés à devenir positivistes ».

C'est sur cette base qu'il espérait pouvoir établir une alliance entre catholiques et positivistes, circonscrite à défendre l'ordre social en péril. Mais s'il croyait une telle alliance possible c'est, comme on le voit, qu'il ne prétendait en rien appliquer son effort à enlever au croyant sa foi. Cette déclaration que je viens de rappeler et où il parle de presser tous ceux qui croient en Dieu de se faire catholiques, le montre bien. Comte était un trop grand passionné de l'ordre avant tout pour se complaire dans les ruines. Il n'a pensé qu'à reconstruire sur les ruines déjà existantes.

Il est une objection cependant qu'il faut faire, c'est qu'il est impossible au catholicisme d'admettre d'abandonner l'incroyant au positi-

visme et ne pas le lui disputer. Mais il faut
remarquer d'autre part que l'on trouve chez
Comte un tel respect et une telle admiration
du catholicisme, une si haute et si profonde compréhension de son rôle historique et social, que
pratiquement, sinon dans la pensée de Comte,
cela peut être pour certains presque comme une
étape pour retourner à cette religion.

Sans doute, ce retour du positivisme au catholicisme, Comte l'eût regardé comme une rétrogradation. Pour lui, en effet, nous l'avons dit, le positivisme marque un progrès de l'esprit humain.
L'orgueil du créateur parle chez Comte au plus
haut point. Mais un tel orgueil n'eût été dan-
gereux que s'il eût poussé Comte à travailler à
la destruction des antiques croyances. Or ce
n'est pas là ce qui le préoccupait. Aussi il n'y a
chez Comte presque pas de ce que j'appellerai
de philosophie de l'incroyance. Et si le positivisme part de ce principe que la raison humaine
ne peut atteindre à la métaphysique et qu'il faut
donc laisser toute métaphysique de côté, Comte
ne s'applique pas à démontrer ce principe. Il
se contente de le considérer comme évident.
Aussi chez lui pas de « critique de la raison
pure », à proprement parler, pas de « théorie
de la connaissance », ce que d'ailleurs certains,
au nom de la philosophie, lui ont reproché.
Mais c'est que Comte était au fond bien plus
préoccupé de reconstruction sociale que de philosophie proprement dite. Et c'est pourquoi,
principalement dans la partie de son œuvre,
« la Politique » que vers la fin de sa vie il conseillait de lire à l'exclusion de sa « Philosophie », ceux qui veulent reconstruire trouvent

infiniment plus à recueillir que ceux qui rêvent de démolitions.

Tout ce qui peut aider à consolider l'ordre moral et social voilà donc ce que nous préten-dons retenir de Comte. Or, pour faire ainsi un choix dans sa philosophie, Comte nous eût-il désavoués? Certes, il n'eût pu nous considérer comme ses disciples intégraux. Mais, de tels dis-ciples, je l'ai déjà dit, je n'en connais pas actuel-lement en France. En France je vois ceux qui se servent du grand nom de Comte — qui, en fait, vont demander à Littré un positivisme déformé, desséché, détourné de son but — pour perpétuer le désordre actuel, lequel désordre enferme ce que Comte a le plus sévèrement condamné, car s'il y a, il est vrai, chez Comte une justification historique de la Révolution, il y a d'autre part, au nom de l'ordre, la condamnation la plus for-melle et la plus sévère de ses principes. Ceux-là ne peuvent donc être considérés en rien comme disciples d'Auguste Comte puisqu'ils travaillent directement contre le but qu'il se proposait et qui était de mettre fin à la période révolution-naire. D'autres lecteurs de Comte, et nous sommes de ces derniers, prennent chez lui de quoi vain-cre la Révolution. Ceux-ci, encore une fois, Comte n'eût pu les considérer comme proprement les siens. Mais il les eût dits les « vrais conserva-teurs », avec lesquels il souhaitait faire « alliance ». Et il les eût regardés comme pui-sant dans son œuvre ce qu'elle a de plus grand, de plus beau, en même temps que de plus utile socialement.

CHAPITRE PREMIER

Les morts gouvernent les vivants

Les morts gouvernent les vivants : c'est une des conceptions les plus fondamentales de la philosophie d'Auguste Comte.

Mais pour bien faire saisir cette conception il nous faut tout d'abord exposer ce que Comte entend par notre double existence d'ici-bas : l'existence *objective*, l'existence *subjective*.

L'existence objective, je l'aurai assez définie, lorsque j'aurai dit qu'elle est celle qui constitue la vie proprement dite. Comte l'appelle objective par opposition à notre seconde existence terrestre, l'existence subjective, ainsi qualifiée parce qu'elle n'a plus rien, celle-là, de corporel, étant celle que, lorsque nous l'avons mérité, nous obtenons ici-bas après notre mort, en revivant dans le cœur et l'esprit d'autrui.

Revivre en autrui. Ceci n'est pas considéré par Comte simplement comme une fiction, une image. Non, revivre en autrui est pour Comte un mode très réel d'existence. Je dis pour Comte ; mais au fond ce n'est pas là une idée qui lui est spéciale. Simplement elle est plus nette et plus systématisée chez lui ; mais d'une façon générale on la retrouve à l'état d'instinct dans l'esprit de chacun. Oui, chacun a vraiment

1

en lui tout au moins un vague sentiment qu'il prolonge ici-bas son existence si quelque chose de lui est recueilli par ceux qui lui survivent. Et, par exemple, ne nous semble-t-il pas que nous ne mourons pas tout entier lorsque nous laissons derrière nous une famille, des enfants qui poursuivront notre œuvre, si humble soit-elle, ou cultiveront notre mémoire?

Or chacun dans sa sphère est toujours à même de rendre assez de services pour pouvoir espérer survivre tout au moins par sa famille, quand ce n'est pas par sa commune, sa province, sa patrie, ou quelque autre groupement humain encore plus vaste.

C'est cette survivance que Comte appelle l'existence subjective.

Cette seconde vie terrestre, nous dit Comte, est due à cette admirable faculté qu'a l'homme de pouvoir s'assimiler les idées et les sentiments de tous ses semblables. Grâce à ce privilège, en effet, ce qu'il peut y avoir en nous de digne d'être arraché à la mort est susceptible d'être recueilli par ceux qui nous survivent. Par eux nous prolongeons ainsi notre existence. Modifiant, en effet, les pensées, les sentiments, et par là indirectement les actes de ceux qui nous ont recueilli en eux, nous continuons à servir la société, non plus, il est vrai, comme être distinct, ainsi que nous le faisions pendant notre existence véritable, mais comme partie intégrante, comme organe de l'Humanité.

Ainsi incorporés à l'Humanité nous pouvons, si nous avons pendant notre vie produit d'assez dignes résultats, être dès lors éternels ou du moins survivre aussi longtemps qu'il y aura une société humaine. Car nous sommes dès lors soustraits aux lois de la vie. « Notre affranchissement des lois extérieures, écrit Comte, s'étend jusqu'au domaine mathématique, dont les règles les plus générales, même envers l'espace et le temps, deviendraient souvent incompatibles avec l'état subjectif. Une telle indépendance se développe quand les représentants de tous les pays et de toutes les époques siègent simultanément dans un même cerveau. Quoique les lois numériques soient les plus universelles, l'existence subjective s'en affranchit aussi, puisque chaque âme absorbée occupe à la fois plusieurs sièges, dont chacun peut la reproduire sous diverses formes. On peut ainsi reconnaître la prééminence de l'état subjectif... . La dignité de l'ordre humain y devient irrécusable, puisque les plus nobles fonctions y persistent indépendamment de l'ordre extérieur auquel leur nouveau siège est soumis. Homère, Aristote, Dante, Descartes... etc., ne cesseront jamais de revivre ainsi dans chaque cerveau capable de les absorber, pour y produire des résultats souvent supérieurs à ceux de la vie objective. »

Cet affranchissement des lois extérieures est l'une des causes principales qui rendent notre seconde existence terrestre si supérieure à la première. Pendant notre vie proprement dite, nos plus hautes fonctions se trouvent, en effet, toujours subordonnées dans une certaine mesure aux exigences du corps. Aussi, écrit Comte, « notre nature a besoin d'être épurée par la mort, pour que ses meilleurs attributs puissent assez ressortir en surmontant les

grossières nécessités qui d'abord les dominent ».

D'autre part nous ne revivons dans autrui,
sauf, comme dit Comte, « d'exceptionnelles
réprobations », que par ce qui est digne d'être
conservé, d'échapper à l'oubli ; par ce qu'il y a
donc de meilleur en nous. Notre âme se trouve
ainsi idéalisée, ou plutôt purifiée, car on ne
lui ajoute rien, ce qui la déformerait, mais seulement on lui retranche ce qui autrefois la vi-
ciait : « La poésie, — écrit Comte, en faisant
allusion à Dante, — indiqua cette condition
avant la philosophie dans l'admirable fiction où
pour se régénérer on s'abreuve d'abord au
fleuve de 'oubli, puis à celui qui rend seulement le souvenir du bien. » Fiction qui répond
d'ailleurs à un noble instinct du cœur humain
qui a une tendance naturelle, comme le remarque Comte, à oublier les défauts des morts pour
ne se souvenir que de leurs qualités.

Ainsi purifiée, notre âme continue donc et
même développe ses services ici-bas. Mais en
constatant ainsi la supériorité à ce point de vue
de la vie subjective, il ne faut pas oublier qu'elle
ne peut surgir et persister que grâce à des influences objectives. En d'autres termes et plus
explicitement, si d'une part les vivants subissent
l'empire des morts, les morts d'autre part ne
dominent que par l'intermédiaire des vivants.
Et c'est là une pensée propre à nous donner le
sentiment de notre vraie valeur, de notre dignité : « Peu d'hommes, sans doute, écrit
Comte, sont autorisés à se regarder comme
réellement indispensables à l'Humanité ; cela
ne convient qu'aux vrais promoteurs de nos

principaux progrès. Mais toute digne existence humaine peut et doit sentir habituellement l'utilité de sa coopération personnelle à cette immense évolution qui cesserait nécessairement aussitôt que tous ses minimes éléments objectifs auraient à la fois disparu. »

* *

Telles sont les deux masses distinctes dont est composée la société. Une masse objective qui comprend les hommes actuellement vivants. Une masse subjective qui est formée de tout ce qui, chez ceux qui ont vécu antérieurement, a mérité d'être recueilli par l'Humanité.

Or, alors que la masse objective varie avec le temps dans d'infimes proportions, et d'ailleurs ne saurait dépasser certaines limites qui sont déterminées par l'étendue de notre sol, l'élément subjectif, lui, augmente nécessairement sans cesse et se trouve illimité dans son extension. Aussi est-ce à lui que l'Humanité doit de se développer avec le temps et quant au nombre et quant à la puissance.

« Ainsi les existences subjectives, écrit Comte, prévalent nécessairement et de plus en plus, tant en nombre qu'en durée, dans la composition totale de l'Humanité. C'est surtout à ce titre que son pouvoir surpasse toujours celui d'une collection quelconque d'individualités. L'insurrection même de presque toute la population objective contre l'ensemble des impulsions subjectives n'empêcherait point l'évolution humaine de suivre son cours. Quelques serviteurs restés fidèles pourraient dignement surmonter cette révolte en rattachant leurs efforts aux racines involontairement laissées dans tous les cœurs et tous les esprits par la suite des générations antérieures, dont ils seraient alors les seuls vrais successeurs. En un mot, les vivants sont toujours et de plus en plus dominés par les morts. »

Les vivants sont de plus en plus dominés par les morts. Ceci est en somme la formule qui résume en un langage plus clair et plus frappant, ce que nous venons de dire de l'objectif et du subjectif, en nous servant de la terminologie d'Auguste Comte, terminologie peut-être un peu rude, mais qu'il est difficile de remplacer lorsqu'on veut approfondir et systématiser cette idée au point où il l'a fait.

Or contre cette domination des morts le monde moderne cherche à se révolter. Et pourtant, remarque Comte, une telle domination est dans l'anarchie présente une des seules garanties d'ordre qui nous reste : « A voir les attitudes actuelles, écrit-il, on se demande ce que deviendrait le monde social, si les vivants, malgré leur révolte moderne, n'étaient pas, et même de plus en plus, gouvernés par l'ensemble des morts, heureusement impassibles au milieu de nos vaines paniques de rétrogradation ou d'anarchie. »

Peut-être serait-on porté au premier abord à penser que la constatation de cette impassibilité, de cette irrésistible domination des morts, doit nécessairement conduire au fatalisme optimiste. Qu'importe, en effet, que les vivants se révoltent contre les morts, puisque la volonté des morts est plus forte, et qu'ainsi elle doit finalement l'emporter. Mais c'est là perdre de vue une certaine éventualité moins heureuse. Dans la lutte entre deux peuples, la victoire du plus

fort n'a pas nécessairement pour résultat la soumission de l'adversaire. Le combat peut se terminer aussi par la destruction du peuple vaincu.
Or c'est ainsi également que peut se manifester
la victoire des morts sur les vivants. Oui, la
révolte des vivants peut entraîner à la longue la
ruine de la société où se développe une telle
révolte.

Et, en tout cas, en attendant le désastre final,
ce sont troubles de toutes sortes, non seulement troubles sociaux, mais même troubles
dans chaque individu. Car un individu révolté
contre ses morts est en quelque sorte révolté
contre une partie — et la meilleure partie — de
lui-même.

En somme ce que Comte nous démontre
ainsi, c'est l'importance, pour la vie sociale,
de la continuité ou tradition, importance si méconnue à notre époque. C'est par la continuité
de l'effort à travers les siècles que l'humanité
s'élève, progresse. Sans cette continuité elle ne
peut rien de grand. Aussi Comte va jusqu'à
déclarer que c'est de la continuité que notre
socialité tire son principal caractère : « Car beaucoup d'animaux, écrit-il, sentent la coopération
simultanée tandis que nous seuls apprécions et
développons la coopération successive, première
source de notre évolution graduelle. Le sentiment social reste donc très imparfait et fort
stérile, et même perturbateur, quand il se borne
aux relations actuelles. Toutes les aberrations
hostiles à une hérédité quelconque reposent aujourd'hui sur ce vicieux dédain de la continuité
historique. Car la science réelle manque seule

à nos utopistes sincères pour confesser et apprécier cette erreur radicale. L'hérédité collective,
qu'on ne peut sérieusement contester, les
conduirait bientôt à mieux juger l'hérédité individuelle ou plutôt domestique. »

Et Auguste Comte conclut par cette pensée
qui résume pratiquement tout ce chapitre : « Il
faut subordonner la coopération dans l'espace
à la coopération dans le temps. » Tous « les per-
turbateurs occidentaux » parlent maintenant au
nom de la « solidarité objective ». Il faut leur
répondre et les « subjuger », en invoquant « la
continuité subjective ».

CHAPITRE II

Droits et Devoirs

La conception fondamentale de la Révolution est la conception individualiste des « droits de l'homme ». Aussi depuis que nous sommes entrés dans l'ère révolutionnaire il n'est plus question que de droits. C'est uniquement à la revendication de ses droits qu'on pousse chaque individu, de ses droits naturels, comme l'on dit.

Sur quoi fait-on reposer cette notion de droits naturels appartenant à chaque individu ? Il est une page de Charles Renouvier, tirée de son *Manuel républicain de l'homme et du citoyen*, qui nous le résume assez bien. « Les hommes, écrit Renouvier, vivraient sans être assujettis à rien s'ils étaient encore dans l'état sauvage. En se réunissant ·pour s'aider, pour s'entre-défendre et pour nourrir leurs familles du fruit de leur travail, ils s'accordent tous à renoncer à des habitudes ou à des actions que des sauvages se permettraient ; car, sans des sacrifices mutuels, ils ne pourraient jamais demeurer ensemble. Mais, en même temps qu'ils font ces sacrifices, ils entendent se réserver certains pouvoirs, et, dans l'exercice de ces pouvoirs, ils veulent qu'on les respecte.

« Cet accord des hommes à se permettre ou
à s'interdire telles ou telles de leurs actions
naturelles afin de vivre ensemble, s'appelle le
contrat social.

« Les pouvoirs que les hommes ne veulent
ou ne peuvent jamais abandonner entièrement,
parce qu'ils tiennent de trop près à leurs person-
nes, s'appellent des *droits naturels.* »

J'ai cité cette page de Renouvier, parce que
son *Manuel républicain* représente assez bien
le catéchisme que l'on tend à enseigner aux
jeunes Français d'aujourd'hui. Mais j'aurais pu
prendre un auteur plus illustre. On a reconnu
en effet, la thèse exposée par Renouvier. C'est
la thèse du *Contrat social* de Rousseau, thèse
qui est à la base des travaux de 1789, à la base
de la fameuse Déclaration des droits de l'homme
sur laquelle a été bâtie la théorie du gouvernement révolutionnaire.

D'après cette théorie, si chacun apporte de
ses forces, de ses facultés, de son intelligence,
de son travail, à la communauté, c'est en toute
liberté. Il fait ainsi, mais il serait libre de faire
autrement, je veux dire libre moralement. Il
pourrait ne rien donner de lui-même, sauf à
rester en marge de la société. S'il consent à
faire partie de la communauté, c'est parce qu'il
sait qu'il bénéficiera de l'association formée avec
autrui. C'est donc chez lui un simple calcul
de l'égoïsme. Il sacrifie de lui-même, de son
indépendance, en vue d'un bien plus grand. Mais
il ne sacrifie pas toute son indépendance. Il est
une partie de son pouvoir qu'il se réserve, une
partie qu'il ne pourrait d'ailleurs abandonner
sans cesser d'être un citoyen, un homme libre.

Cette partie, c'est ce qu'il appellera ses droits naturels. Ces droits naturels sont sacrés, inaliénables, imprescriptibles, et la fonction essentielle du gouvernement est d'en garantir l'exercice à chacun.

Tel est le concept révolutionnaire. Or il n'en est pas que Comte ait condamné plus formellement. Aux droits individuels il oppose les devoirs sociaux. « Le positivisme, écrit-il, n'admet jamais que des devoirs chez tous envers tous. Car son point de vue toujours social ne peut comporter aucune notion de droit, constamment fondé sur l'individualité. Nous naissons chargés d'obligations de toute espèce, envers nos prédécesseurs, nos successeurs et nos contemporains. Elles ne font ensuite que se développer ou s'accumuler avant que nous puissions rendre aucun service. Sur quel fondement humain pourrait donc s'asseoir l'idée de droit, qui supposerait raisonnablement une efficacité préalable? Quels que puissent être nos efforts, la plus longue vie bien employée ne nous permettra jamais de rendre qu'une portion imperceptible de ce que nous avons reçu. Ce ne serait pourtant qu'après une restitution complète que nous serions dignement autorisés à réclamer la réciprocité de nouveaux services. »

Oui, suivant le sentiment de justice qui est en nous, nous ne pourrions être dispensés de tout devoir envers la société que le jour où nous aurions payé intégralement notre dette, c'est-à-dire le jour où nous aurions restitué en services à la société l'équivalent de ce que nous avons reçu d'elle. Or ce jour n'arrivera jamais. La société nous fait bénéficier, en effet, directement ou indi-

rectement d'un capital qui a été amassé au cours
de milliers d'années, par des milliers et milliers
d'intelligences, un capital qui est le résultat du
travail de l'homme depuis qu'il y a un groupement humain pour recueillir, conserver et trans-
porter à travers le temps le fruit sélectionné
de ce travail. Or, que sont, en comparaison, nos
propres services, quels que soient nos efforts,
notre labeur, notre intelligence, et aussi nombreuses que soient nos années de travail? Ce
qu'est un grain de sable par rapport à un
magnifique édifice, une goutte d'eau par rapport
à un fleuve immense. Aussi la notion de devoir
est-elle celle qui devrait dominer toute notre
existence.

Et qu'on ne dise pas qu'il est une manière d'être
quitte de tout devoir, c'est de rester en marge
de la société. Quoi qu'on fasse il est impossible de ne rien devoir à la société. Avant
même d'être capables d'opter, en effet, si, oui
ou non, nous demanderons à la société quelque
bienfait, nous lui devons déjà immensément. Nous
lui devons tout ce qui fait que nous sommes un
homme civilisé, au lieu d'être presque une bête
sauvage. Aussi celui qui raisonnerait ainsi : je me
retire dans une île déserte, je me retire de la
compagnie des hommes, je ne leur demanderai
plus rien, donc je ne leur devrai plus rien,
celui-là ferait un faux raisonnement. Dans son
île déserte il emporterait, en effet, avec lui
une intelligence, des facultés, une science qu'il
doit aux hommes, à ceux qui l'ont précédé, à
ceux qui l'ont élevé, instruit, en un mot à ceux
qui ont amassé le trésor de la civilisation et à
ceux qui lui ont transmis ce trésor. S'il se re-

tire de la compagnie des hommes, il n'en a donc
pas moins envers la société une dette, et cette
dette il ne travaille plus à l'acquitter. Seul l'er-
mite de la Thébaïde pouvait, sans manquer à
son devoir, se retirer dans le désert, car si dans
la solitude il priait pour son âme, il priait aussi
pour l'âme des autres hommes, il priait pour
appeler la bénédiction divine sur ce monde, et
ainsi, à sa manière, il s'efforçait de rendre
service à l'humanité.

Donc, en face de la société, suivant le positivisme, on n'a pas de droits, on n'a que des
devoirs. Ou, comme dit Comte, on n'a qu'un
droit, c'est celui de toujours faire son devoir.

Mais peut-être certains penseront-ils que
ne reconnaître aucun droit à l'individu, ou
plutôt ne lui reconnaître que le droit de toujours faire son devoir, c'est annihiler la personne humaine, l'écraser devant la communauté, faire d'elle un esclave qui n'est plus
protégé contre les entreprises d'autrui. Il n'en
est rien. Car si l'individu a des devoirs envers
autrui, autrui en a envers lui. Et l'individu
peut rappeler autrui à l'observation de ses devoirs. Or, comme le remarque Comte, cette
« réciprocité d'obligations reproduit l'équivalent normal des droits antérieurs, sans offrir
leurs graves dangers politiques », et j'ajouterai
moraux. Dangers qui peuvent se résumer dans
ce mot : individualisme, c'est-à-dire surexcita-
tion de l'égoïsme d'une part, et d'autre part
anarchie politique et sociale.

Aussi est-ce sans crainte de verser dans nulle

oppression de l'individu, bien au contraire, que l'on peut se rallier à la belle et énergique formule du positivisme qui est : substituer « la paisible détermination des devoirs à l'orageuse discussion des droits ».

CHAPITRE III

Libéralisme et Socialisme

C'est un devoir, avons-nous dit, de nous efforcer de restituer à la société une part aussi grande que nous pourrons de ce que nous avons reçu d'elle. Or le moyen le plus ordinaire de nous acquitter de ce devoir, c'est d'occuper le plus dignement possible la fonction qui nous est échue par suite des circonstances particulières de notre naissance et de notre éducation, ou que nous avons choisie suivant nos goûts, nos aptitudes; de l'occuper le plus dignement possible en assignant pour but à notre travail, à nos efforts, le service de la société.

Je dis occuper la fonction. Or par là il ne faut pas entendre seulement les fonctions publiques, fonction politique, administrative, judiciaire, militaire, etc. Non; il faut entendre toute carrière, tout métier, et d'une manière générale tout emploi déterminé de l'activité, utile à la société. Le positivisme n'établit pas, en effet, une distinction entre offices publics et offices privés. Pour lui tout travailleur doit se considérer comme investi d'une fonction publique. Certes, le positivisme n'entend pas par là qu'il faille réaliser le rêve collectiviste d'une société où tout le monde serait comme enrégimenté, tous

les biens étant collectifs, et tous les individus
employés de l'Etat. Non. Le positivisme ré-
prouve un tel idéal, et je dirai tout à l'heure
pourquoi. Aussi, ce que veut seulement le positivisme, en disant que chacun doit se considérer comme un fonctionnaire, c'est que chacun,
tout en gardant sa liberté, son indépendance,
assigne à son activité le service de l'humanité,
ce qui n'est là que l'accomplissement du devoir
social.

Pourquoi, d'ailleurs, l'officier, le magis-
trat, etc., auraient-ils le sentiment d'être par
leur fonction des serviteurs de la collectivité,
de l'Etat, et pourquoi l'artiste, le philosophe,
l'agriculteur, l'industriel, le commerçant, le
travailleur manuel, etc., n'auraient-ils pas ce
même sentiment? On ne peut répondre que les
uns sont utiles à la société, tandis que les autres
ne le sont pas. Cela serait faux. Car la vérité,
la réalité, c'est que chacun, que ce soit dans
son intention ou non, travaille pour autrui, pour
la société. Je veux dire que le travail de chacun,
pourvu toutefois que ce travail soit utile et non
oiseux, profite à autrui, à la société. Ainsi,
c'est à autrui que sert ce que fabrique l'industriel ; c'est à autrui que sert ce que vend le
commerçant.

Or le commerçant, l'industriel, et plus
généralement tous les travailleurs, peuvent
servir autrui sans le vouloir, et en ne visant
qu'à des profits personnels, ou bien ils peuvent
avoir pour but le bien de la société. On voit,
suivant qu'ils auront l'une ou l'autre conception de leur travail, la réaction qui s'ensuivra
en bien ou en mal sur leurs sentiments, la

plus ou moins grande noblesse que prendra leur activité.

Une des conséquences d'une telle conception, qui veut que l'on assigne pour but à son activité, non des profits personnels, mais le bien de la société, c'est que chacun doit considérer son travail comme étant gratuit. Certes il faut comprendre ce que ceci signifie au juste. Cela ne signifie pas que l'on ne doit recevoir pour son travail aucune indemnité. On ne peut vivre sans consommer une certaine quantité de biens matériels, et lorsque ces biens, on ne les possède pas, il faut nécessairement qu'ils vous soient fournis par autrui, autrui à qui profite votre travail. Mais ces biens que vous recevez ainsi, vous ne devez pas les regarder comme un salaire, c'est-à-dire comme destinés à vous récompenser du service que vous rendez; vous devez les regarder comme destinés simplement à vous donner les moyens de vous procurer ce qui est nécessaire à votre existence. Voilà ce que Comte entend lorsqu'il dit qu'on doit regarder son travail comme gratuit. Et ceci n'est pas une distinction subtile. Il y a une grande différence, surtout au point de vue de la réaction morale qui en résulte, entre travailler dans un but lucratif et travailler pour rendre service à autrui, pour remplir le devoir social qui vous incombe. Dans le premier cas, lorsque autrui vous a donné le prix de votre travail, vous devez vous considérer comme intégralement payé; autrui est absolument quitte envers vous. Dans le second cas le paiement matériel est secondaire. La vraie rémunération du travail se trouve d'abord dans la satisfaction du devoir accompli,

2

et ensuite dans la considération, l'honneur, l'estime, la reconnaissance d'autrui qui en résultent pour vous.

Certes ce n'est pas à dire qu'il n'y ait une hiérarchie de fonctions, que les fonctions ne soient plus ou moins nobles. Mais il n'est pas de fonction, de métier, qui n'ait sa noblesse, dès lors que l'on s'en acquitte noblement, je veux dire dès lors que l'on s'en acquitte avec l'intention de remplir un devoir social, et non dans le seul but du lucre.

J'ai dit plus haut que le positivisme repousse l'idéal collectiviste (Auguste Comte dit communiste, suivant la tendance que montrait à son époque le socialisme). Mais, au nom des mêmes principes d'ordre, il s'oppose encore bien plus fortement à l'autre classe de révolutionnaires, les libéraux. Nous allons voir succinctement les raisons que Comte nous donne de cette double condamnation.

Les libéraux, parmi lesquels on doit ranger presque tous les économistes du xix° siècle, sont ceux qui prétendent fonder la discipline pratique sur ce qu'ils appellent la liberté, c'est-à-dire en somme sur le seul antagonisme des intérêts matériels, ou, en d'autres termes, sur le seul jeu des lois naturelles abandonnées à elles-mêmes. En prononçant ici le mot de lois naturelles, nous indiquons que les économistes libéraux reconnaissent leur existence dans les phénomènes sociaux. Par là donc ils adhèrent au principe fondamental de la philosophie positive, qui est que tous les phénomènes sont réglés par des lois. Mais, comme l'écrit Comte, « les écono-

mistes ne paraissent adhérer à ce principe fondamental que pour constater aussitôt combien ils
sont incapables de le comprendre, faute de l'avoir
d'abord apprécié envers les moindres phénomènes avant de l'étendre aux plus élevés. Car ils ont
ainsi méconnu radicalement la tendance de l'ordre naturel à devenir de plus en plus modifiable,
à mesure qu'il se complique davantage. Toutes
nos destinées actives reposant sur une telle
notion, rien ne peut excuser le blâme doctoral
que la métaphysique économique oppose à l'intervention continue de la sagesse humaine dans
les diverses parties du mouvement social. Les
lois naturelles auxquelles ce mouvement est,
en effet, assujetti, loin de nous détourner de
le modifier sans cesse, doivent, au contraire,
nous servir à y mieux appliquer notre activité,
qui s'y trouve à la fois plus efficace et plus
urgente qu'envers tous les autres phénomènes. »

A l'encontre des libéraux qui prétendent laisser la discipline s'établir par la seule lutte et
balance des intérêts privés, Auguste Comte
déclare donc que nous devons intervenir dans
les phénomènes économiques pour tâcher de
les régler. En ceci le positivisme se rencontre
avec le socialisme. Mais là s'arrête entre eux
la concordance, car le positivisme écarte les
solutions proposées par le socialisme, comme
méconnaissant les lois réelles de la sociabilité.

« L'ignorance des lois réelles de la sociabilité, écrit Comte, se manifeste d'abord dans la
dangereuse tendance du communisme à com-
primer toute individualité. Outre qu'on oublie
ainsi la prépondérance naturelle de l'instinct

personnel, on méconnaît l'un des deux caractères fondamentaux de l'organisme collectif, où la séparation des fonctions n'est pas moins indispensable que leur concours... Le grand problème humain consiste à concilier, autant que possible, cette libre division avec une convergence non moins urgente. Une préoccupation exclusive de cette dernière condition tendrait à détruire toute activité réelle, et même toute vraie dignité, en supprimant toute responsabilité. Malgré les consolations domestiques, le seul défaut d'indépendance rend souvent intolérables ces destinées exceptionnelles qui se consument sous le patronage forcé de la famille. Que serait-ce donc si chacun se trouvait dans une situation analogue envers une communauté indifférente ? Tel est l'immense danger de toutes les utopies qui sacrifient la vraie liberté à une égalité anarchique ou même à une fraternité exagérée...

« Cette utopie n'est pas moins opposée aux lois sociologiques en ce qu'elle méconnaît la constitution naturelle de l'industrie moderne, d'où elle voudrait écarter des chefs indispensables. Il n'y a pas plus d'armée sans officiers que sans soldats ; cette notion élémentaire convient tout autant à l'ordre industriel qu'à l'ordre militaire. Quoique l'industrie moderne n'ait pu encore être systématisée, la division spontanée qui s'y est graduellement accomplie entre les entrepreneurs et les travailleurs constitue certainement le germe nécessaire de son organisation finale. Aucune grande opération ne serait possible si chaque exécutant devait être aussi administrateur, ou si la direction était vaguement confiée à une communauté inerte et irresponsable...

« Le respectable sentiment qui inspire le communisme moderne est donc contraire jusqu'à présent à la nature du mal et à celle du remède, faute d'une véritable assistance scientifique. On peut même faire à nos communistes un reproche plus grave, sur l'insuffisance directe de leur instinct social. Car cette sociabilité, dont ils sont si fiers, se borne à sentir seulement la solidarité actuelle, sans aller jusqu'à la continuité historique qui constitue pourtant le principal caractère de l'humanité. Quand ils auront complété leur essor moral, en suivant dans le temps la connexité qu'ils voient dans l'espace, ils apercevront aussitôt la nécessité des conditions universelles qu'ils méconnaissent aujourd'hui. Ils apprécieront alors l'importance de l'hérédité, comme mode naturel suivant lequel chaque génération transmet à la suivante les travaux déjà accomplis et les moyens de les perfectionner. L'extension de ce mode à l'ordre individuel n'est qu'une suite de son évidente nécessité envers l'ordre collectif. Mais les reproches que méritent, à cet égard, les sentiments de nos communistes, conviennent également à toutes les autres sectes rénovatrices, dont l'esprit antihistorique suppose toujours une société sans ancêtres, même en s'occupant surtout des descendants. »

Cette page de Comte donne un aperçu de sa critique des théories socialistes, théories auxquelles, remarquons-le, il rend néanmoins cet hommage que, si elles résolvent mal le problème social, du moins elles le posent, ce qui tend à donner à l'instinct révolutionnaire une attitude organique, au lieu du caractère purement critique que lui maintiennent les libéraux.

Par ce qui précède on a pu voir que Comte se montre partisan de l'hérédité. Certes, disait-il, il n'y a pas, dans notre civilisation, place pour des castes, et il faut que d'une part « l'accès de toute carrière sociale reste constamment ouvert à de justes prétentions individuelles », et d'autre part, « que l'exclusion des indignes y demeure sans cesse praticable ». Mais, ajoute-t-il, « après que la confusion actuelle aura suffisamment abouti à un premier classement régulier, de telles mutations, quoique toujours possibles, et même réellement accomplies, devront ensuite devenir essentiellement exceptionnelles, en tant que fortement neutralisées par la tendance naturelle à l'hérédité des professions; puisque la plupart des hommes ne sauraient avoir, en réalité, de vocations déterminées, et que, en même temps, la plupart des fonctions sociales n'en exigent pas ; ce qui conservera à l'imitation domestique une grande efficacité habituelle, sauf les cas très rares d'une véritable prédisposition ».

D'ailleurs, remarque encore Comte, « la vraie prééminence personnelle est tellement rare que la vie sociale se consumerait en débats stériles et interminables si l'on prétendait conférer toujours chaque fonction à son meilleur organe, de manière à déposséder souvent le fonctionnaire primitif, sans égard aux conditions d'exercice ».

Quant à ce qui est de l'hérédité du capital (1),

_____

(1) Nous rappellerons à ce propos que Comte préconisait la liberté complète de tester.

déclarait Comte, on doit regarder « comme non moins étroite que perturbatrice » la superficielle appréciation qui la condamne, en tant que conduisant à posséder sans travail. « Du point de vue moral, on aperçoit aussitôt le vice radical de ces récriminations empiriques, qui méconnaissent l'aptitude fondamentale d'un tel mode de transmission à mieux développer qu'aucun autre les dispositions favorables au bon emploi de la fortune. Car l'esprit et le cœur évitent ainsi les habitudes mesquines ou sordides que suscite ordinairement une lente accumulation des capitaux. La possession initiale de la richesse nous fait mieux sentir le besoin de la considération. Ainsi, ceux qu'on voudrait flétrir comme oisifs peuvent aisément devenir les plus utiles de tous les riches, d'après une sage réorganisation des opinions et des mœurs. On sait d'ailleurs que de telles existences deviennent de plus en plus exceptionnelles, à mesure que la civilisation accroît la difficulté de vivre sans industrie. C'est donc, à tous égards, une aberration très blâmable que de vouloir bouleverser la société pour des abus qui tendent à disparaître, et qui même comportent la plus heureuse transformation sociale. »

On voit par tout ceci que Comte était fortement opposé à la tendance prononcée au déclassement que suscite l'anarchie moderne. Il ne voyait dans le déclassement systématique la solution d'aucune question sociale; car, remarquait-il, le déclassement, loin d'améliorer le sort de la masse, tend plutôt à l'empirer, par la désertion des membres les plus énergiques. « Une telle satisfaction, écrit-il, procurée à un

petit nombre d'individus, ordinairement devenus ainsi les déserteurs de leur classe, ne saurait, à la longue, aucunement apaiser les justes
plaintes des masses, dont la condition générale
ne reçoit ainsi aucune amélioration décisive,
à moins qu'on ne veuille décorer de ce nom
les espérances, chimériques pour la plupart
des individus, qu'entretient sans cesse l'appât
dérisoire de cette sorte de jeu ascensionnel, non
moins trompeur que tout autre jeu. Il est même
incontestable qu'en développant des désirs dé-
mesurés dont la commune satisfaction est impossible, en stimulant la tendance, déjà trop
naturelle aujourd'hui, au déclassement universel, on ne décharge ainsi le présent qu'en
aggravant beaucoup l'avenir, en suscitant de
nouveaux et puissants obstacles à toute vraie
réorganisation sociale. »

Et Comte conclut : « L'incorporation sociale
du prolétariat occidental ne sera jamais réalisée
tant que les meilleurs prolétaires n'auront pas irrévocablement abandonné tout projet de déserter
leur classe en passant dans la bourgeoisie. Toutes
les réclamations du prolétariat doivent maintenant sembler déclamatoires, quand on sait que
la plupart des prolétaires actuels ne travaillent
que par force, sans aucunement sentir la dignité
du travail industriel, auquel chacun d'eux pré-
fère secrètement l'existence égoïste et fai-
néante qu'ils reprochent aux riches. »

CHAPITRE IV

Le libre examen

Avec les « droits de l'Homme » nous avons combattu la base même théorique de la Révolution.
Mais Comte ne s'en tient pas à la critique de ce
dogme révolutionnaire. Ce sont tous les principes révolutionnaires qu'il proclame anarchiques. Certes, je l'ai déjà dit, au point de vue
historique il leur trouve une justification. Mais
au point de vue de la reconstruction urgente à
opérer, il les condamne formellement. « On ne
saurait, déclarait-il, terminer la Révolution avec
les doctrines qui l'ont commencée. Ce qui ser-
vait alors à détruire ne peut servir aujourd'hui
à construire. » Ces principes, selon Comte,
sont, en effet, essentiellement destructeurs. Ils
tendent « à consacrer indéfiniment comme type
normal, un état passager de non gouvernement ».
Ils sont « incapables de rien organiser, sauf le
doute, le désordre et la dégradation ».

Or, après les « droits de l'Homme », un des
plus importants dogmes révolutionnaires est le
dogme du libre examen. C'est celui qui apparaît,
à l'aurore de la révolution, bien avant 1789, avec
la révolution protestante. C'est un de ceux
qui est le plus enraciné au cœur des vrais
révolutionnaires, qui tous plus ou moins sont

fils spirituels de la Réforme. Or ce que dit Comte
à propos du libre examen est si important
que j'ose réclamer ici quelque attention. Car
si les pages que je veux commenter sont ar-
dues, elles contiennent la plus forte, la plus
admirable réfutation de ce grand dogme révolutionnaire.

Historiquement ce principe du libre examen
peut se diviser en deux grandes phases : première phase, le protestantisme; seconde phase,
la philosophie du xviii⁰ siècle.

Dans la première phase le droit individuel
d'examen est proclamé, mais avec des restric-
tions. On le contient, en effet, dans les limites
plus ou moins étendues de la théologie chré-
tienne. « C'est là, écrit Comte, que le caractère
d'inconséquence inhérent à l'ensemble de la
philosophie négative se trouve le plus haute-
ment prononcé, par la prétention constante à
réformer le christianisme en détruisant radicalement les plus indispensables conditions de
son existence politique. »

C'était le premier pas dans la formation de la
doctrine révolutionnaire, et c'était le pas le plus
important. Car, comme l'écrit Comte, « après
avoir audacieusement discuté les opinions les
plus respectées et les pouvoirs les plus sacrés,
la raison humaine pouvait-elle reculer devant
aucune maxime ou institution sociale, aussitôt
que l'analyse dissolvante y serait spontanément
dirigée? »

Dans la seconde phase, la philosophie du
xviii⁰ siècle, le droit d'examen individuel est
en principe reconnu indéfini. « L'inconséquence

mentale, écrit Comte, est ainsi très notablement diminuée par suite de l'uniforme extension de l'analyse destructive, mais l'incohérence sociale y devient peut-être encore plus sensible, d'après la tendance absolue à fonder éternellement la régénération politique sur une série exclusive de simples négations, qui ne pourraient finalement aboutir qu'à une anarchie universelle. »

Je dis qu'au xviiie siècle le droit d'examen est en principe reconnu indéfini. Mais je rappellerai qu'en fait la plupart des philosophes d'alors ont cherché à contenir la discussion dans les limites du monothéisme. En d'autres termes, la plupart des philosophes du dix-huitième siècle et les révolutionnaires qui se sont inspirés d'eux, n'admettaient pas qu'on ne crût pas en Dieu. Pour ceux qui niaient Dieu, Rousseau allait même jusqu'à proposer la peine de mort. Et pourtant Rousseau représente un des plus grands destructeurs de la société qui ait existé. Ce qui montre qu'elles sont bien faibles les bornes que peut mettre à une révolution la religion réduite au simple déisme.

Mais ce principe du libre examen restreint, comme nous venons de le dire, au xvie et au xviie siècle, dans les limites que lui imposèrent les divers protestantismes, restreint même encore dans une certaine mesure, en fait, sinon en théorie, au xviiie siècle, ce principe s'est depuis étendu à toutes les questions. Il n'est pas une question aussi importante, aussi vitale qu'elle fût pour la société, ou aussi compliquée qu'elle se trouvât, qui n'ait été livrée à l'examen, à la critique de chacun. Tout le monde indistincte-

ment a été appelé, incité même, à trancher à tout
instant sur toute chose.

Or, nous déclare Comte, non seulement ce
dogme du libre examen ne peut constituer un
principe organique, mais encore il tend directement à s'opposer à toute vraie réorganisation
sociale. Dans un cas quelconque, en effet, l'état
d'examen ne saurait être évidemment que pro-
visoire, comme indiquant la situation d'esprit
qui précède et prépare une décision finale.
Car c'est vers une décision quelconque que tend
toujours notre intelligence. Dans l'intelligence
humaine le scepticisme n'est qu'un état de crise.
Il est le résultat inévitable de l'interrègne intellectuel qui survient toutes les fois que l'esprit
humain est appelé à changer de doctrine. Mais
l'état normal c'est l'affirmation, le dogmatisme.
Et le doute a pour seule utilité fondamentale
de nous permettre de passer d'un dogmatisme
à un autre. Mais ce ne peut être là, je le répète,
qu'un état transitoire, un état exceptionnel. Or
prendre l'exception pour la règle, c'est évidemment méconnaitre les nécessités les plus fondamentales de la nature humaine.

« Examiner toujours, sans se décider jamais,
écrit Comte, serait presque taxé de folie dans la
conduite privée. Comment la consécration
dogmatique d'une semblable disposition chez
tous les individus pourrait-elle constituer la
perfection définitive de l'ordre social, à l'égard
d'idées dont la fixité est à la fois beaucoup plus
essentielle et bien autrement difficile à établir?
N'est-il pas, au contraire, évident qu'une telle
tendance est, par sa nature, radicalement anarchique, en ce que, si elle pouvait indéfiniment

persister, elle empêcherait toute véritable organisation spirituelle? Chacun se reconnaît sans
peine habituellement impropre, à moins d'une
préparation spéciale, à former et même à juger
les notions astronomiques, physiques, chimi-
ques, etc.; destinées à entrer dans la circula-
tion sociale, et personne n'hésite néanmoins à
les faire présider de confiance à la direction
générale des opérations correspondantes, ce
qui signifie que sous ces divers rapports, le
gouvernement intellectuel est déjà effectivement ébauché. Les notions les plus importantes
et les plus délicates, celles qui par leur complication supérieure, sont nécessairement acces-
sibles à un moindre nombre d'intelligences, et
supposent une préparation plus pénible et plus
rare, resteraient-elles donc seules abandonnées
à l'arbitraire et variable décision des esprits les
moins compétents? » Et Comte poursuit plus
loin : « Aucune association quelconque ne saurait réellement subsister sans un certain degré
de confiance réciproque, à la fois intellectuelle
et morale, entre ses divers membres, dont
chacun éprouve le besoin continu d'une foule
de notions à la formation desquelles il doit
rester étranger et qu'il ne peut admettre que sur
la foi d'autrui. Par quelle monstrueuse exception cette condition élémentaire de toute société,
si clairement vérifiée dans les cas les plus
simples, pourrait-elle être écartée envers l'association totale de l'espèce humaine, c'est-à-dire
là même où le point de vue individuel est le
plus profondément séparé du point de vue collectif, et où chaque membre doit être ordinairement le moins apte, soit par nature ou par

position, à entreprendre une juste appréciation des maximes générales indispensables à la bonne direction de son activité personnelle ? »

Ce que cette insurrection — j'emploie une formule énergique de Comte — « cette insurrection mentale de l'individu contre l'espèce » a produit pratiquement au point de vue de l'ordre social, il est une page de la *philosophie positive* qui nous l'expose avec tant de netteté que je ne saurais mieux faire que de laisser ici encore la parole à Auguste Comte : « En vertu de leur complication supérieure, écrit-il, et par suite aussi de leur plus intime contact avec l'ensemble des passions humaines, les questions sociales devraient, par leur nature, encore plus scrupuleusement que toutes les autres, rester concentrées chez un petit nombre d'intelligences d'élite, que la plus forte éducation préliminaire, convenablement suivie d'études directes, aurait graduellement préparé à en poursuivre avec succès la difficile élaboration. Tel est du moins, à cet égard, avec une pleine évidence, le véritable état normal de l'esprit humain, pour lequel toute autre situation constitue réellement, pendant les époques révolutionnaires, une sorte de cas pathologique plus ou moins caractérisé... Quels doivent donc être les profonds ravages de cette maladie sociale, en un temps où tous les individus, quelque inférieure que puisse être leur intelligence, et malgré l'absence souvent totale de préparation convenable, sont indistinctement provoqués, par les plus énergiques stimulations, à trancher journellement, avec la plus déplorable légèreté, sans aucun guide et sans le moindre frein, les

questions politiques les plus fondamentales! Au
lieu d'être surpris de l'effroyable divergence
graduellement produite par l'universelle pro-
pagation, depuis un demi-siècle, de cette anarchique tendance, ne faudrait-il pas admirer bien
plutôt que, grâce au bon sens naturel et à la
modération intellectuelle de l'homme, le désordre ne soit point jusqu'ici plus complet, et
qu'il subsiste encore çà et là quelques points
vagues de ralliement sous la décomposition,
toujours croissante néanmoins, des maximes
sociales! »

Et Comte poursuit plus loin : « L'inévitable
résultat général d'une semblable épidémie
chronique a dû être, par une évidente nécessité, la démolition graduelle, maintenant presque
totale, de la morale publique, qui, peu appuyée,
chez la plupart des hommes, sur le sentiment
direct, a besoin, par-dessus tout, que les habitudes en soient constamment dirigées par l'uniforme assentiment des volontés individuelles à
des règles invariables et communes, propres à
fixer, en chaque grande occasion, la vraie notion
du bien public. Telle est la nature éminemment
complexe des questions sociales, que, même
sans aucune intention sophistique, le pour et le
contre peuvent y être soutenus sur presque
tous les points, d'une manière extrêmement
plausible; car il n'y a pas d'institution quelconque, pour si indispensable qu'elle puisse
être au fond, qui ne présente en réalité de
graves et nombreux inconvénients, les uns
partiels, les autres passagers; et, en sens in-
verse, l'utopie la plus extravagante offre toujours, comme on sait, quelques avantages

incontestables. Or, la plupart des intelligences
sont, sans doute, trop exclusivement préoc-
cupées, soit en vertu de leur trop faible portée,
soit, encore plus fréquemment peut-être, par
une passion absorbante, pour être vraiment
capables d'embrasser simultanément les divers
aspects essentiels du sujet. Comment pour-
raient-elles donc s'abstenir de condamner suc-
cessivement presque toutes les grandes maximes
de morale publique, dont les défauts sont d'ordinaire très saillants, tandis que leurs motifs
principaux, quoique réellement beaucoup plus
décisifs, sont quelquefois profondément cachés,
jusqu'à ce qu'une exacte analyse, souvent fort
délicate, les ait mis en pleine lumière ? Voilà
surtout ce qui doit rendre tout véritable ordre
moral nécessairement incompatible avec la
vagabonde liberté des esprits actuels, si elle
pouvait indéfiniment persister, puisque la plupart des règles sociales destinées à devenir
usuelles ne sauraient être, sans perdre toute
efficacité, abandonnées à l'aveugle et arbitraire
décision d'un public incompétent. »

Et enfin Comte conclut : « Quelque développement intellectuel qu'on puisse jamais sup-
poser dans la masse des hommes, il est donc
évident que l'ordre social demeurera toujours
nécessairement incompatible avec la liberté
permanente laissée à chacun, sans le préalable
accomplissement d'aucune condition rationnelle,
de remettre chaque jour en discussion indéfinie
les bases mêmes de la société. »

En résumé, la pensée de Comte est que, proclamer, comme le fait la doctrine révolutionnaire, la

souveraineté de chaque raison individuelle;
c'est « empêcher l'établissement uniforme d'un
système quelconque d'idées générales, sans
lesquels néanmoins il n'y a pas de société. Car
à quelque degré d'instruction que parvienne
jamais la masse des hommes, il est évident que
la plupart des idées générales destinées à
devenir usuelles ne pourront être admises par
eux que de confiance, et non d'après des
démonstrations. »

Admettre de confiance, c'est admettre par *foi*.
Comte prononce d'ailleurs le mot. Et la foi,
qu'il définit « la disposition à croire spontanément, sans démonstration préalable, aux dogmes
proclamés par une autorité compétente », même
dans l'ordre des matières où il se meut il la
déclare « la condition générale indispensable
pour permettre l'établissement et le maintien
d'une véritable communion intellectuelle et
morale ».

« En principe, écrit-il, toute l'action de l'individu sur la doctrine régulatrice se borne, dans
l'état normal, à en déduire la règle pratique
applicable à chaque cas particulier, en consul-
tant l'organe spirituel dans tous les cas douteux.
Mais quant à la construction même de la doctrine, sous quelque aspect qu'on la considère,
chacun n'a pas d'autre droit légitime que d'en
solliciter la rectification partielle, quand l'expérience a constaté que, sous un rapport quelconque, elle ne remplit pas suffisamment son
but pratique. C'est au pouvoir spirituel, ainsi
averti, qu'il appartient naturellement d'effectuer
dans la doctrine les changements convenables,
après en avoir vérifié la nécessité. Tel est, du

moins, l'ordre régulier. Dans toute autre hypo-
thèse, la société doit être regardée comme se
trouvant dans un véritable état de révolution
plus ou moins complet. »

Et Comte, à ce propos, écrivait à un de ses
disciples : « On dirait que vous vous croyez
assez discipliné quand vous avez admis une
notion d'après une démonstration comprise.
Mais vous n'avez pas là le moindre mérite de
soumission, puisque vous ne pouviez vous en
abstenir, d'après les lois intellectuelles qui
vous dominent. La foi ne commence qu'envers
les notions qui vous semblent douteuses, et
que vous admettez de confiance, en leur accor-
dant autant d'influence qu'à celles qui vous sont
démontrées; suivant l'usage spontané de quiconque n'est pas actuellement en proie à la
maladie révolutionnaire. Quant aux notions qui
vous paraissent inadmissibles, vous ne pouvez
les utiliser tant qu'elles choquent l'ensemble de
votre économie théorique. Mais vous leur devez
un respectueux silence, fondé sur la juste supériorité de votre chef spirituel, qui, probable-
ment, a su voir autant que vous, et même longtemps avant vous, les objections dont vous vous
êtes effrayé. Telles sont les conditions élémen-
taires de la discipline spirituelle, vulgaires au
moyen âge, mais profondément altérées par le
protestantisme, et sans lesquelles aucune harmonie n'est possible, puisque nul, même parmi
les théoriciens, ne peut jamais s'approprier les
démonstrations de toutes les notions qu'il doit
employer. »

CHAPITRE V

Le pouvoir spirituel

En exaltant le libre examen individuel, en travaillant à donner à chacun pour seul guide son sens propre, ou sa raison particulière, préalablement affranchie de tout « préjugé », ce qu'en somme la Révolution vise à détruire, c'est toute autorité spirituelle. Au contraire, en même temps qu'il condamne le libre examen, Comte proclame avec force la nécessité d'une telle autorité. Nul mieux que lui n'a démontré cette nécessité. Je résumerai ce qu'il en dit au point de vue de l'ordre intérieur des sociétés. « Sous ce rapport, écrit-il, l'action du pouvoir spirituel consiste essentiellement à établir par l'*éducation* les opinions et les habitudes qui doivent diriger les hommes dans la vie active, et à maintenir par une influence morale, régulière et continue, exercée soit sur les individus, soit sur les classes, l'observation pratique de ces règles fondamentales.

« ... Ni l'homme ni l'espèce humaine ne sont destinés à consumer leur vie dans une activité stérilement raisonneuse, en dissertant continuellement sur la conduite qu'ils doivent tenir. C'est à l'*action* qu'est appelée essentiellement la totalité du genre humain, sauf une fraction imperceptible, principalement vouée par la nature à la contemplation. Et néanmoins toute action suppose des principes préalables de direction que les individus ou les masses n'ont ni la capacité ni le temps d'établir, ou seulement de vérifier, autrement que par l'application même dans le plus grand nombre des cas. Telle est, sous le simple rapport intellectuel, la considération fondamentale qui motive, d'une manière décisive, l'existence d'une classe qui, éminemment active dans l'ordre spéculatif, est constamment et exclusivement occupée à fournir à toutes les autres des règles générales de conduite dont elles ne peuvent pas plus se dispenser qu'elles ne sont aptes à les former, et qui, une fois admises, leur permettent d'employer toute leur capacité de raisonnement à les appliquer judicieusement dans la pratique, en s'aidant pour cela des lumières de la classe contemplative, quand la déduction ou l'interprétation présentent trop de difficultés.

« Cette nécessité d'une direction spirituelle se montre non moins clairement si, cessant de considérer l'homme seulement comme intelligent, on l'envisage aussi sous le rapport moral. Car même en admettant que chaque individu ou chaque corporation pût se former par ses seules facultés le plan de conduite le plus convenable, soit à son propre bien-être, soit à la bonne harmonie de l'ensemble, il resterait certain que cette doctrine, devant se trouver le plus souvent en opposition, à un degré quelconque, avec les impulsions les plus énergiques de la nature humaine, elle n'exercerait par elle-même presque aucune influence sur la vie réelle. Elle

a donc besoin d'être, pour ainsi dire, vivifiée
par une force morale régulièrement organisée,
qui, la rappelant sans cesse à chacun au nom de
tous, lui imprime toute l'énergie résultant de
cette adhésion universelle, et seule capable de
surmonter ou même de contrebalancer suffisamment la puissance des penchants antisociaux,
naturellement prépondérante dans la constitution de l'homme. »

Puis, après avoir développé cette idée que,
quels que puissent être les progrès de la civilisation, il restera toujours vrai que si « l'état
social est à certains égards un état continu de
satisfaction individuelle, il est aussi, sous
d'autres rapports non moins certains, un état
continu de sacrifice », Comte poursuit : « De là
donc la nécessité de développer par une action
spéciale ce qu'il y a dans l'homme de moralité
naturelle, pour réduire, autant que possible, les
impulsions de chacun à la mesure voulue par
l'harmonie générale, en habituant dès l'enfance
à la subordination volontaire de l'intérêt particulier envers l'intérêt commun, et en reprodui-
sant sans cesse dans la vie active, avec tout
l'ascendant nécessaire, la considération du point
de vue social. Sans cette salutaire influence,
qui étouffe le mal dans sa source, la société
étant constamment obligée d'agir matériellement sur les individus, soit par la violence
directe, soit par l'intérêt, pour réprimer dans
leur effet des tendances qu'elle aurait laissées
se développer librement, le maintien de l'ordre
deviendrait bientôt impossible quand cette discipline temporelle serait parvenue au dernier
degré d'exagération qu'elle comporte. »

Mais de telles notions sont incompatibles avec la conception révolutionnaire de la liberté. Aussi, je le répète, au nom de la liberté la Révolution vise à détruire toute autorité spirituelle. Or, quelle est la conséquence la plus directe d'une telle destruction? La conséquence est, comme vient de nous le faire remarquer Comte, qu'à mesure que par suite de l'émancipation de chacun, les mœurs sociales déclinent, à mesure, pour éviter une entière anarchie, l'Etat est naturellement obligé de substituer les forces temporelles à l'autorité spirituelle affaiblie ou détruite ; en d'autres termes, l'Etat est obligé d'empiéter de plus en plus par ses lois et ses règlements sur le domaine des mœurs.

Cette absorption du pouvoir spirituel par les forces temporelles, n'est du reste pas seulement implicitement contenue, en tant que conséquence logique, dans la doctrine révolutionnaire. Elle nous y est même formellement présentée comme un but précis que nous devons chercher à atteindre. Si nous ouvrons, en effet, le *Contrat social*, cet Evangile de la Révolution, nous y trouvons le dernier chapitre entièrement consacré à l'apologie de cette concentration des pouvoirs au profit de l'autorité temporelle. Aussi un résumé de ce chapitre nous donnera un aperçu de ce qu'est, sur ce point, l'idéal révolutionnaire.

Dans ce chapitre Rousseau commence par nous dire un mot des religions païennes. Après quoi il écrit : « Ce fut dans ces circonstances que Jésus vint établir sur la terre un royaume spirituel, ce qui, séparant le système théologique du système politique, fait que l'Etat cessa d'être un, et causa les divisions intestines qui n'ont jamais cessé d'agiter les peuples chrétiens... Il a résulté de cette double puissance un perpétuel conflit de juridiction qui a rendu toute bonne *politie* impossible dans les Etats chrétiens, et l'on n'a jamais pu venir à bout de savoir auquel, du maître ou du prêtre, on était obligé d'obéir. »

Puis, après avoir loué Mahomet d'avoir, lui au moins, condensé les deux pouvoirs, Rousseau poursuit : « De tous les auteurs chrétiens, le philosophe Hobbes est le seul qui ait bien vu le mal et le remède, qui ait osé proposer de réunir les deux têtes de l'aigle et de tout ramener à l'unité politique, sans laquelle jamais Etat ni gouvernement ne sera bien constitué. »

Rousseau parle ensuite de ce qu'il appelle la religion naturelle et la religion civile, puis il écrit : « Il y a une troisième sorte de religion plus bizarre, qui, donnant aux hommes deux législations, deux chefs, deux patries, les soumet à des devoirs contradictoires et les empêche de pouvoir être à la fois dévots et citoyens. Telle est la religion des Lamas, telle est celle des Japonais, tel est le christianisme romain. On peut appeler celui-ci la religion du prêtre. Il en résulte une sorte de droit mixte insociable qui n'a point de nom. » — Et alors que faut-il? Voici : Chacun, d'après le *Contrat social*, est parfaitement libre en ce qui ne nuit pas aux autres. Donc chacun est libre d'avoir telles croyances religieuses qu'il lui plaît d'avoir, mais seulement dans les limites où ces croyances n'intéressent pas l'Etat. Car, dans les limites où les croyances religieuses doivent

rejaillir directement ou indirectement sur l'attitude du citoyen, alors l'Etat doit intervenir dans
ces croyances, car c'est à lui qu'il appartient
de les fixer. « Il y a donc une profession de foi
purement civile, écrit Rousseau, dont il appartient au souverain de fixer les articles, non
pas précisément comme dogmes de religion,
mais comme sentiments de sociabilité sans
lesquels il est impossible d'être bon citoyen ni
sujet fidèle. » Et quels sont ces dogmes d'après
Rousseau ? « Les dogmes de la religion civile
doivent être simples, en petit nombre, énoncés
avec précision, sans explication ni commentaire.
L'existence de la Divinité puissante, intelligente,
bienfaisante, prévoyante et pourvoyante, la vie
à venir, le bonheur des justes, le châtiment des
méchants, la sainteté du contrat social et des
lois : voilà les dogmes positifs. Quant aux dogmes négatifs, je les borne à un seul : c'est
l'intolérance. »

Et qu'arrivera-t-il, si l'on ne professe pas
cette religion civile, si l'on ne se rallie pas aux
dogmes fixés ainsi par le pouvoir temporel ?
Tout naturellement, pour vous faire adopter
ces dogmes, le pouvoir temporel usera des
moyens qu'il est dans sa nature d'employer, il
usera de moyens matériels : « Sans pouvoir
obliger personne à les croire, dit Rousseau, le
souverain peut bannir de l'Etat quiconque ne
les croit pas ; il peut le bannir, non comme
impie, mais comme insociable... Que si quel-
qu'un, après avoir reconnu publiquement ces
mêmes dogmes, se conduit comme ne les
croyant pas, qu'il soit puni de mort. » Quant
à ceux qui, professant un culte intolérant, ose-

ront dire : Hors de l'Eglise, point de salut,
Rousseau leur réserve d'être chassés de l'Etat.

C'est là au juste la tolérance révolutionnaire.
On s'en étonnera peut-être ; il n'y a pourtant
pas lieu de s'en étonner. Le despotisme dogmatique, comme l'appelle Comte, est en effet en
parfaite harmonie avec la Révolution ; il découle
logiquement de sa doctrine même.

La liberté de conscience, ou plutôt la tolérance systématique ne peut, en effet, ainsi que le
remarque Comte, exister jamais et n'a réellement
jamais existé qu'à l'égard des opinions considé-
rées par une certaine époque comme indifféren-
tes ou douteuses. Quant aux idées et sentiments
qui sont regardés comme importants, en bien ou
en mal, pour la société, la tolérance est à leur
égard impossible. Vous pouvez proclamer en
théorie la liberté absolue de conscience ; en fait,
il y aura toujours un certain nombre de choses
que vous ne pourrez tolérer qu'on affirme ou
qu'on nie, qu'on aime ou qu'on haïsse. Or,
envers ces choses qui sont celles que vous re-
garderez comme étant, sans nul doute possible,
vitales ou mortelles pour la société, quelle sera
votre attitude ? En disant vous, je parle, bien
entendu, du gouvernement. Or ici nous devons
distinguer.

Si la société est ainsi constituée, qu'elle est
régie par un pouvoir spirituel distinct et indépendant du pouvoir politique, ce pouvoir spirituel, pour imposer aux esprits les grands principes sociaux dont il a la garde, emploiera les
moyens qu'il est dans sa nature d'employer : il
emploiera des moyens spirituels ; il recourra à
la seule persuasion. Certes, il n'est pas certain

qu'une telle société ne fera pas appel parfois à la
violence, pour imposer les croyances qu'elle
regarde comme nécessaires. Oui, il est possible
qu'elle recoure à la violence, mais ce sera là
une chose contraire au régime normal, ce sera
une sorte de coup d'Etat. Car le régime normal
d'une telle société c'est la défense des croyances
sociales par les seules armes spirituelles. Or
telle était la société catholique du moyen âge,
cette société, qu'à l'encontre de Rousseau, Auguste Comte regarde comme le « chef-d'œuvre
social de la sagesse humaine ».

Mais que, par suite de la liberté de conscience
érigée en principe absolu, l'autorité spirituelle
soit méconnue, que le pouvoir temporel as-
sume alors à lui seul la charge de maintenir les
principes et les croyances nécessaires, et fatalement il sera amené à maintenir ces croyances
et ces principes par ses armes naturelles. Je
veux dire il remplacera la persuasion par la force
matérielle, par la contrainte. Crois ou meurs,
telle est la formule logique de la Révolution,
par cela même qu'elle confond les deux disci-
plines en asservissant le spirituel au temporel. Voilà où finalement accule le principe de
la liberté de conscience, voilà où mène la
prétendue tolérance des doctrines critiques,
lorsque ces doctrines, de l'état d'opposition,
passent à l'état de gouvernement, et se voient
alors obligées, à moins de se renier, de régler
exclusivement par des lois ce qui dépend des
mœurs.

Cette confusion des pouvoirs ou asservisse-
ment du spirituel au temporel à quoi tend la

Révolution est donc regardée par Comte comme une rétrogradation éminemment funeste à la société. Il considérait au contraire que le catholicisme, en fondant une puissance exclusivement morale, qui élabore les principes et conseille sans commander directement, représentait le plus grand progrès qui ait été fait dans l'organisation des sociétés. Car, si l'antiquité avait déjà connu, avec les philosophes grecs, l'existence d'une classe exclusivement spéculative et en même temps indépendante du pouvoir politique, c'était là une classe non organisée, extérieure en quelque sorte à l'ordre social, et qui instinctivement se trouvait par là en état d'insurrection naturelle contre un ordre où elle ne trouvait pas sa place. En somme, ce n'était que l'ébauche d'un pouvoir spirituel indépendant, et seul le catholicisme devait organiser véritablement un tel pouvoir, faisant corps avec le système social et n'en étant pas moins à l'abri de la domination temporelle.

Quels allaient être les résultats d'une telle organisation ? Je les résume d'après Comte. Par là d'abord, dit Comte, est consacrée l'indépendance de la morale envers la politique, ou plus explicitement la séparation entre « les règles universelles de la conduite humaine soit privée, soit publique, et leur application mobile aux divers cas spéciaux ». Chez les anciens, au contraire, par suite de la confusion des pouvoirs, la morale était essentiellement subordonnée à la politique. Or, écrit Comte, « un assujettissement aussi vicieux du point de vue général et permanent de la morale au point de vue spécial et mobile de la politique devait certainement altérer beaucoup la consistance des prescriptions morales, et même souvent corrompre leur pureté, en faisant trop fréquemment négliger l'appréciation des moyens pour celle du but prochain et particulier, et en disposant à dédaigner les qualités les plus fondamentales de l'humanité comparativement à celles qu'exigeaient immédiatement les besoins actuels d'une politique nécessairement variable ».

Par la séparation des deux pouvoirs, au contraire, « les lois immuables relatives aux besoins les plus intimes et les plus généraux de l'humanité » furent mises « à l'abri des inspirations variables émanées des intérêts les plus secondaires et les plus particuliers ».

De plus cette séparation eut la plus heureuse influence sur l'éducation, principalement l'éducation des sentiments que l'antiquité avait très négligée, et qu'on s'explique d'ailleurs fort bien qu'elle ait négligée, vu que, comme le remarque Comte, un pouvoir spirituel cherche d'autant moins à agir sur les esprits et sur les cœurs qu'il a plus d'autorité sur les actes. « La sagesse théocratique, écrit Comte, n'avait point ignoré que les actes humains sont toujours déterminés par les sentiments correspondants. Mais elle avait négligé la culture directe et spéciale de ceux-ci, parce que la domination du sacerdoce le poussait à gouverner immédiatement ceux-là. »

Une telle division des pouvoirs a réussi d'autre part à concilier les avantages opposés de la centralisation et de la diffusion politiques, en réunissant sous un même gouvernement spirituel des populations trop nombreuses et trop variées pour ne pas exiger plusieurs gou-

vernements temporels distincts et indépen-
dants. C'est ainsi que le catholicisme a constitué, au moyen âge, le principal lien ordinaire
des diverses nations européennes, depuis que
la domination romaine avait cessé de pouvoir
les réunir suffisamment; « et sous ce rapport,
écrit Comte, l'influence catholique doit être jugée non seulement par le bien ostensible qu'elle
a produit, mais surtout par le mal imminent
qu'elle a secrètement prévenu, et qui, à ce titre
même, doit être plus difficilement appréciable ».

*
* *

En résumé nous retiendrons particulièrement
de tout ce que Comte nous dit ici, — car c'est à
ce point de vue que la question est la plus
actuelle, — que l'autorité temporelle n'est point
propre à s'acquitter convenablement des fonctions spirituelles. D'abord parce que celui qui
a à sa disposition la force matérielle, et qui est
ainsi en mesure de régir directement les actes,
sans avoir besoin de passer par la sensibilité
ou l'intelligence de l'homme, en arrive forcément à s'inquiéter peu de diriger et moraliser
les volontés. Il va au plus court : il impose, il
contraint; il ne cherche point à convaincre, à
discipliner. Si donc l'Etat accapare les fonctions
spirituelles, il y a grande chance pour qu'il les
exerce peu ou mal, et ainsi la société, dénuée
qu'elle se trouve de toute direction morale, et
ne tenant plus que par les liens matériels tend
vers la dissolution.

Ou bien si l'Etat, s'étant arrogé les fonctions
spirituelles, n'a garde de les négliger, s'il ne
se contente pas de contraindre mais s'attache

aussi à convaincre, ce n'est qu'avec la pensée
de l'immédiat, avec la pensée exclusive des besoins actuels de sa politique, besoins qui
nécessairement sont variables et souvent d'un
intérêt relativement secondaire. En sorte que
l'Etat moralisateur ne peut avoir qu'une morale
d'occasion et superficielle. Et encore je ne parle
ici que d'un Etat gouverné normalement, saine-
ment. Car si nous envisageons un gouvernement quelconque de partis, alors la conclusion
du temporel et du spirituel devient une chose
monstrueuse et corruptrice. La morale n'est
plus figurée que par l'intérêt immédiat du parti
au pouvoir.

CHAPITRE VI

La raison et le sentiment

Après tout ce que nous venons d'exposer on comprendra ce qui a poussé Auguste Comte à mettre en épigraphe à sa *Synthèse subjective* cette parole de l'*Imitation* : « *Omnis ratio et naturalis investigatio fidem sequi debet, non præcedere, nec infringere.* — La raison et toutes les recherches naturelles doivent suivre la foi, et non la précéder, ni la combattre. »

On le comprendra encore mieux lorsque nous aurons étudié avec Comte les rapports de l'intelligence et de la sensibilité.

Un des principes fondamentaux du positivisme est que le moteur principal de l'individu est le sentiment. Suivant une formule de Comte, l'homme, d'une manière générale, n'agit que sollicité par une affection quelconque, et il ne pense que pour mieux agir. Ainsi nos sentiments dominent notre existence puisqu'ils sont à la fois le principe et le but de toute cette existence, où l'intelligence et l'activité ne fonctionnent habituellement que comme moyens.

Ceci, remarque Comte, n'a jamais été « contesté sérieusement quant à l'activité qui ne produirait qu'une agitation désordonnée, entraînant bientôt une profonde lassitude, si son

principal exercice était purement spontané, sans
aucun but effectif ». Mais on a souvent méconnu
« la nécessité humaine d'une semblable impulsion morale envers l'intelligence, malgré son
énergie beaucoup moindre ». Et pourtant il est
facile de reconnaître « que l'exercice intellectuel n'aboutirait qu'à de vagues et incohérentes
contemplations, devenues bientôt fatigantes, s'il
n'était point habituellement subordonné à une
destination affective ».

« L'esprit, — écrit encore Comte, — n'est pas
destiné à régner, mais à servir ; quand il croit
dominer, il rentre au service de la personnalité,
au lieu de seconder la sociabilité, sans qu'il
puisse nullement se dispenser d'assister une
passion quelconque. En effet, le commandement réel exige, par-dessus tout, de la force, et
la raison n'a jamais que de la lumière ; il faut
que l'impulsion lui vienne d'ailleurs... Quelque
réelle que soit, sans doute, la satisfaction atta-
chée à la seule découverte de la vérité, elle
n'a jamais assez d'intensité pour diriger la conduite habituelle ; l'impulsion d'une passion quelconque est même indispensable à notre chétive
intelligence pour déterminer et soutenir presque tous ses efforts. Si cette inspiration émane
d'une affection bienveillante, on la remarque
comme étant à la fois plus rare et plus esti-
mable ; sa vulgarité empêche, au contraire, de
la distinguer quand elle est due aux motifs
personnels de gloire, d'ambition ou de cupidité ;
telle est, au fond, la seule différence ordinaire. »

« L'esprit, — écrit encore Comte sur le même
sujet, — ne peut jamais choisir qu'entre deux
sortes de maîtres, les penchants personnels et

les penchants sociaux. Quand il se croit libre,
il obéit seulement à l'égoïsme, dont l'ascendant
plus énergique et plus habituel est plus spontané et moins senti que celui de l'altruisme.
Non seulement l'impulsion morale détermine
chaque office intellectuel, mais elle en stimule
toutes les opérations spéciales. La moindre
attention dépend toujours d'une affection quelconque, encore plus indispensable à la médita-
tion proprement dite. D'immenses événements,
surtout célestes, s'accomplissent souvent sans
attirer les regards d'aucun être vivant, même
humain, quand il n'offre aucune relation, directe
ou indirecte, avec sa vie réelle. Au contraire,
chacun se sent profondément troublé par toute
suspension apparente de l'ordre naturel qui
règle sa conduite habituelle. En second lieu,
l'esprit ne dépend pas moins du caractère que
du cœur. Car le courage, la prudence et la fer-
meté sont tout autant indispensables, quoique
sous d'autres modes, aux vrais théoriciens qu'aux
purs praticiens. Je ferai souvent sentir, en sociologie, que l'avortement de l'esprit est presque
toujours dû au dérèglement du cœur ou à l'impuissance du caractère, encore davantage qu'à
l'impuissance mentale. Tandis qu'on reconnaît
la réaction favorable ou funeste, que les fonctions purement végétatives exercent habituellement sur l'intelligence, il serait étrange que la
région spéculative du cerveau fût jamais indépendante des deux autres. »
Mais tout en proclamant, comme on vient de
le voir, la suprématie du sentiment dans l'ensemble de la vie humaine, le positivisme n'est
pas sans reconnaître à l'intelligence la juste

part qui lui revient. Car si le positivisme affirme que c'est au cœur à poser les questions, il affirme en même temps que c'est à l'esprit à les résoudre. Tout penchant, en effet, est essentiellement aveugle et a donc besoin du secours de l'intelligence pour connaître les vrais moyens de se satisfaire. « L'esprit, écrit Comte, ne doit essentiellement traiter que les questions posées par le cœur pour la juste satisfaction finale de nos divers besoins... Mais dans son élaboration quelconque de chaque sujet ainsi proposé, l'esprit doit rester seul juge, soit de la convenance des moyens, soit de la réalité des résultats. C'est uniquement à lui qu'il appartient d'apprécier ce qui est pour prévoir ce qui sera et de découvrir les procédés d'amélioration. En un mot, l'esprit doit toujours être le ministre du cœur et jamais son esclave. »

En résumé, « agir par affection, et penser pour agir », telle est la formule du positivisme.

*
* *

Cependant pratiquement, dans l'ordre de la connaissance, en dehors de la stimulation qu'ils donnent à l'intelligence, les sentiments et principalement l'attachement et la vénération, jouent en chacun de nous un rôle important, et on peut même dire que c'est à eux que nous devons indirectement nos lumières les plus précieuses, ce qui n'infirme en rien d'ailleurs, comme nous allons le voir, ce que nous avons exposé du rôle respectif de la raison et de la sensibilité.

Considérons d'abord le sentiment d'attachement. L'attachement nous incite à la similitude.

L'attachement au passé, notamment, nous engage, en dehors de tout raisonnement de notre part, à croire ce qu'ont cru nos ancêtres, à faire comme ils ont fait. Il nous pousse, en un mot, à accueillir la tradition, les préjugés les mœurs, les coutumes, les habitudes établies, et à nous y conformer. Or, que représentent les coutumes, les mœurs, les préjugés, la tradition ? De l'intelligence, de l'intelligence accumulée par la masse des générations antérieures. La tradition, les préjugés, les mœurs, les coutumes, sont dus à la collaboration de milliers et milliers de cerveaux humains. Ainsi par l'attachement au passé, c'est-à-dire par un simple élan du cœur qui nous lie à la tradition, aux mœurs, aux coutumes établies, nous bénéficions d'un capital immense de sagesse et de science.

Dira-t-on qu'à ce capital l'intelligence est aussi capable que le cœur de nous faire participer? Qu'il suffit, en effet, que l'on nous apporte les preuves de la sagesse et de la science contenues dans la tradition pour que nous fassions profit de cette tradition, de même que nous faisons notre profit d'un théorème de géométrie dès qu'il nous est démontré ? Je répondrai que les lois sociales et morales ne sont point, comme les lois géométriques, des lois qui s'imposent fortement à l'esprit. C'est qu'elles ne sont pas ordinairement le résultat du raisonnement, mais plutôt le résultat d'une foule de tâtonnements, d'essais, bref le résultat de l'expérience. Aussi c'est souvent plutôt à la pratique qu'on peut juger de l'exactitude ou de la fausseté des principes établis, qu'en les faisant comparaître au tribunal de la raison. C'est par l'harmonie et l'équilibre que la société prouve qu'elle a trouvé les conditions de son équilibre et de son harmonie. Et ne vouloir accepter ces conditions qu'en tant que leur vérité vous est démontrée personnellement, c'est courir le plus grand risque de verser dans l'utopie. Car, dans l'ordre si complexe des lois sociales et morales, l'utopie est souvent aussi séduisante pour l'intelligence que la vérité. Aussi celui qui n'a pas dans le cœur d'attachement pour tout ce que le passé enferme d'expérience se trouve-t-il livré sans défense à tous les sophismes de l'esprit.

D'ailleurs, en admettant que les conditions de l'harmonie sociale puissent être démontrées aussi nettement et clairement qu'un théorème de géométrie, la raison de chacun serait-elle assez haute, assez profonde, assez universelle pour être touchée par la démonstration que l'on pourrait fournir ? Et même en admettant que la raison de chacun ait cette puissance nécessaire, chacun aurait-il matériellement le temps de rechercher, contrôler, vérifier les preuves de chaque principe, de chaque loi établie? Et c'est pourtant à une telle obligation que nous acculerait l'idéal critique révolutionnaire : ne rien admettre qui ne nous ait été démontré et que nous n'ayons vérifié personnellement. Or, quelque forte et universelle que soit notre raison, quelque temps que nous donnions à la spéculation, il est toujours des choses que nous serons obligés d'admettre sur la foi d'autrui. C'est cette confiance en autrui qui d'ailleurs permet la division du travail, cette division du travail sans laquelle il n'est pas de société.

C'est cette confiance en autrui qui permet à la majorité des hommes de se livrer à l'action en abandonnant la recherche des principes aux hommes de spéculation. Et également, pour les hommes de spéculation, c'est grâce à la confiance en autrui qu'ils peuvent profiter des recherches, des expériences, du travail de leurs prédécesseurs et de leurs contemporains, sans avoir à absorber tout leur temps à refaire personnellement ce travail, à reprendre ces recherches, à vérifier ces expériences. Et en admettant que l'homme de science ait matériellement le temps et intellectuellement la force de reprendre recherches, travail, expériences d'autrui, sur le point spécial qu'il étudie, il lui sera évidemment impossible d'en faire de même pour toutes les sciences sans exception, de contrôler toutes les connaissances humaines sans en négliger une. Qu'il promène son intelligence aussi loin et dans un cercle aussi large qu'il lui sera possible, il y aura toujours un point où il devra s'arrêter et au delà duquel il sera obligé d'accorder confiance à autrui. Il est toujours des matières, quelque universelle que soit son intelligence, pour lesquelles il devra se reconnaître parmi les morts ou les vivants des supérieurs, devant la parole desquels il devra s'incliner. Or, seul le cœur, grâce au sentiment de la vénération, est capable d'habituer notre esprit à se soumettre à la parole de nos supérieurs. C'est ce qui faisait dire à Comte : « Le désir d'atteindre à des convictions fixes par la seule puissance de l'esprit, sans aucune participation du cœur, constitue une pure chimère... On ne peut, sans la vénération, ni rien apprendre

ni rien goûter, ni surtout obtenir aucun état
fixe de l'esprit comme du cœur. »

Ainsi l'on voit pourquoi nous avons déclaré
que c'est au cœur que nous devions nos lumières
les plus précieuses. Au cœur nous devons, grâce
à l'attachement au passé, de bénéficier d'une
somme immense d'intelligence, intelligence
à laquelle aucun effort de notre esprit, si grand
soit-il, ne saurait atteindre. Au cœur nous devons
encore, grâce à la vénération envers nos supérieurs, de profiter d'une sagesse et d'une science
que notre propre raison n'aurait pu élaborer.
Sans le cœur, c'est, en dehors du cercle assez
restreint de choses que nous sommes chacun
personnellement à même de trouver ou contrôler, c'est, dis-je, pour notre esprit le doute, et
par suite pour notre volonté l'irrésolution, et
pour notre âme le désespoir.

C'est pourquoi, comme nous l'avons déjà dit,
le positivisme déclare : la raison doit suivre la
foi, et non la précéder, ni la combattre. On voit
à présent ce que cela signifie au juste en langage
positiviste. Cela signifie : notre raison à chacun
doit s'incliner devant le jugement social, c'est-
à-dire devant la tradition, et aussi devant la
parole de nos supérieurs, car jugement et parole
représentent d'une manière générale une intelligence plus haute que notre propre intelligence.
Or, à cette intelligence plus haute c'est à la foi
que nous devons de pouvoir participer, à la
foi, c'est-à-dire à la croyance en dehors de
tout raisonnement, par un simple élan du cœur,
élan d'attachement ou de vénération, attachement pour nous lier, vénération pour nous soumettre.

Or ceci est aussi éloigné que possible de
l'idéal révolutionnaire. L'idéal révolutionnaire
c'est, en effet : Plus de foi, rien que la raison
individuelle. Or, comment atteindre à un tel
idéal ? On ne le peut qu'en développant les deux
sentiments opposés aux deux sentiments altruis-
tes que nous venons d'analyser. Donc, au lieu
d'attachement au passé, c'est la haine ou le
mépris du passé qu'on inculquera. De la sorte
notre esprit sera libéré de tout ce que le passé
enferme de « préjugés ». Puis au lieu de vénération, de soumission, c'est en chacun l'orgueil
et la vanité qu'on surexcitera. Ainsi on sera certain que chacun placera sa propre raison au-
dessus de tout.

A un être façonné suivant un tel idéal on
pourra donner la plus large instruction, cet
être sera moins muni pour l'existence, il aura
moins de lumières, il sera plus livré à toutes
les erreurs et tous les sophismes de l'esprit que
celui qui pour toute science n'a que son cœur,
son cœur qui l'attache au passé et le porte à
vénérer ses supérieurs.

CHAPITRE VII

La famille

La Révolution, suivant l'idéal que nous venons d'exposer, voulant rompre toute attache avec le passé, afin de faire de nous des « hommes libres », il était naturel, il était fatal qu'elle s'attaquât à la famille. La famille est, en effet, l'organe par excellence de la continuité, les parents étant naturellement portés, — l'attachement entre êtres humains étant renforcé par la communauté des croyances, — à apprendre à leurs enfants à croire ce qu'ils croient eux-mêmes. Mais par là même la famille se trouve être un foyer de tradition, c'est-à-dire de préjugés, c'est-à-dire, suivant les théories révolutionnaires, de corruption de l'esprit pour l'enfant.

Or ici encore Auguste Comte s'oppose à la Révolution en défendant avec force la famille.

Il la défend parce qu'il considère d'abord la famille comme la source même de notre éducation morale. « C'est surtout par les affections de famille, écrit-il, que l'homme sort de sa personnalité primitive et qu'il peut s'élever convenablement à la sociabilité finale. Toute tentative pour diriger l'éducation morale vers l'essor direct de celle-ci, en franchissant ce degré

moyen, doit être jugée radicalement chimérique et profondément désastreuse. » Ceci vient
de ce que les affections de famille sont naturellement en nous plus énergiques que toutes
autres, et donc, plus que toutes autres, propres à nous arracher à notre égoïsme primitif.
Et cette plus grande énergie des sentiments
familiaux, Comte nous l'explique par des raisons qui tiennent à la nature même de l'homme ;
ce qui nous montre bien que de tels sentiments ne sauraient jamais trouver d'équivalent quant au rôle qu'ils jouent dans notre éducation morale : « L'énergie supérieure des affections domestiques, écrit Comte, ne provient
pas seulement d'une destination mieux circonscrite que celle des affections sociales proprement dites. On doit surtout l'attribuer à ce que
leur nature est moins pure d'après un mélange
nécessaire de personnalité. L'instinct sexuel
et l'instinct maternel, seuls particuliers à la vie
de famille, sont, en eux-mêmes, presque autant
égoïstes que le simple instinct conservateur...
mais ils suscitent des relations spéciales éminemment propres à développer tous les penchants sociaux ; de là résulte leur principale efficacité morale qui ne comporte aucun équivalent.
C'est donc en vertu de leur imperfection même
que les affections domestiques deviennent les
seuls intermédiaires entre l'égoïsme et l'altruisme. »

Auguste Comte regarde, d'autre part, la famille, comme la base naturelle de notre organisation politique. Elle est, déclare-t-il, la vraie
unité, la vraie cellule sociale. Ce qu'il condense

dans cet aphorisme si net, et qui en quelques
mots condamne toute la philosophie révolutionnaire : « Tout être devant se former
de ses semblables l'Humanité se décompose
d'abord en cités, puis en familles, mais jamais
en individus. » Car, ajoute-t-il, « la décomposition de l'humanité en individus proprement
dits ne constitue qu'une analyse anarchique,
autant irrationnelle qu'immorale, qui tend à
dissoudre l'existence sociale au lieu de l'expli-
quer, puisqu'elle ne devient applicable que
quand l'association cesse. Elle est aussi vi-
cieuse en sociologie que le serait, en biologie,
la décomposition chimique de l'individu lui-
même en molécules irréductibles, dont la séparation n'a jamais lieu pendant la vie. » Et
Auguste Comte conclut : « La société humaine
se compose de familles et non d'individus. »

Ceci n'est pas une vaine querelle théorique.
Les résultats pratiques auxquels on tendra
seront, en effet, d'ordinaire très différents,
suivant qu'on regardera la société comme une
collectivité d'individus, ou comme une collectivité de familles. Il est même probable que suivant que l'on tiendra pour l'une ou l'autre
thèse, on se montrera révolutionnaire ou conservateur. Si la société, en effet, n'est pas autre
chose qu'une collectivité d'individus, vous
croirez gouverner, légiférer pour le plus grand
bien de la société en légiférant et gouvernant
exclusivement pour l'individu. L'individu sera
l'unique objectif. Or toutes les utopies révolutionnaires et antisociales ont là leur source.
Avoir pour unique objectif l'individu, c'est avoir
pour unique objectif le présent, l'éphémère.

C'est donc bien risquer de faire comme celui qui, insouciant de l'avenir, mange son capital en même temps que son revenu, ou qui place son capital à fonds perdu. Ceci peut être sans inconvénient pour le particulier qui ne laisse personne derrière lui. Mais il n'est pas permis à la société d'agir impunément ainsi. La société, elle, n'est pas seulement le présent, elle est le passé, elle est l'avenir. Pour satisfaire aux besoins de la société, il ne suffit donc pas de considérer le présent ; il faut consulter le passé et s'appuyer sur lui, il faut ménager et préparer l'avenir.

Or ceci, qu'on néglige lorsqu'on n'a en vue que l'individu, on ne risque point de l'oublier lorsque c'est à la famille que l'on pense ; ce que l'on fera naturellement si l'on part de ce grand principe que la société est composée de familles et non d'individus. En partant de ce principe on ne risque pas de méconnaître la nécessité de la tradition, et la nécessité de la prévoyance, car la famille est, comme la société, non seulement le présent, mais aussi le passé et aussi l'avenir.

*
* *

A l'encontre de la Révolution Comte s'applique donc à consolider la famille. Et pour cela il engage particulièrement à fortifier le pouvoir paternel et à resserrer les liens conjugaux.

Plus encore que le mariage, remarque Comte, la paternité, d'après sa moindre énergie, est exposée aux atteintes de l'anarchie. « Cependant, écrit-il, le pouvoir paternel ne cessera jamais de fournir spontanément le meilleur

type d'une suprématie quelconque... En quel
autre cas social pourrait-on trouver au même
degré, de la part de l'inférieur, la plus respec-
tueuse obéissance spontanément imposée, sans
le moindre avilissement, d'abord par la nécessité, et ensuite par la reconnaissance ; et, chez
le supérieur, l'autorité la plus absolue unie au
plus entier dévouement, trop naturel et trop
doux pour mériter proprement le nom de devoir? Il est certainement impossible que, dans
des relations plus étendues et moins intimes,
l'indispensable discipline de la société puisse
jamais pleinement réaliser ces admirables caractères de la discipline domestique : la soumission ne saurait y être aussi complète ni
aussi spontanée, la protection aussi touchante
ni aussi dévouée. Mais la vie de famille n'en
demeurera pas moins, à cet égard, l'école
éternelle de la vie sociale, soit pour l'obéissance
soit pour le commandement, qui doivent nécessairement, en tout autre cas, se rapprocher,
autant que possible, de ce modèle élémentaire.
L'avenir ne pourra, sous ce rapport, que se
conformer, comme le passé, à cette invariable
obligation naturelle... Néanmoins, à toutes
les époques de décomposition, de pernicieux
sophistes ont directement tenté de détruire
radicalement cette admirable économie naturelle, en arguant, suivant l'usage, de quelques
inconvénients partiels ou secondaires, contre
l'ensemble de l'organisation. Leur prétendue
rectification s'est toujours réduite à intervertir
entièrement la comparaison fondamentale, et,
au lieu de proposer la famille pour modèle à la
société, ils ont cru témoigner un grand génie poli-

tique en s'efforçant, au contraire, de constituer la famille à l'image de la société, et d'une
société alors fort mal ordonnée, en vertu même
de l'état exceptionnel qui permettait l'essor de
telles rêveries... Ces folles utopies abouti-
raient doublement à la ruine radicale de toute
vraie discipline domestique, soit en ôtant aux
parents la direction réelle et presque la simple
connaissance de leurs enfants, par une monstrueuse exagération de l'indispensable influence
de la société sur l'éducation de la jeunesse,
soit en privant les fils de la transmission héréditaire des ressources paternelles essentiellement accumulées à leur intention, détruisant
ainsi, tour à tour, d'une manière spéciale, l'obéissance et le commandement. »

L'union conjugale, elle aussi, a été au nom
de la liberté révolutionnaire, sapée dans ses
fondements. Or nul n'a mieux que Comte fait
ressortir l'importance de la fixité de ce lien.
Nul n'a parlé avec plus de noblesse et de délicatesse de tout ce qui a trait à cette question.
D'après Auguste Comte, le mariage, au point
de vue moral, a pour principale destination le
perfectionnement mutuel de l'homme et de la
femme : « En effet, écrit-il, les différences
naturelles des deux sexes, heureusement com-
plétées par leurs diversités sociales, rendent
chacun d'eux indispensable au perfectionnement
moral de l'autre. Chez l'homme, dominent évidemment les qualités propres à la vie active,
avec l'aptitude spéculative qui en est inséparable.
Au contraire, la femme est surtout vouée
à la vie affective. L'une est supérieure en ten-

dresse, comme l'autre pour tous les genres de forces. Nulle intimité ne peut se comparer à celle de deux êtres aussi disposés à se servir et à s'améliorer mutuellement, à l'abri de toute rivalité habituelle. La source pleinement volontaire de leur union la fortifie par un nouvel attrait, quand les choix sont heureusement faits et dignement acceptés. Telle est donc, dans la théorie positive, la principale destination du mariage : compléter et consolider l'éducation du cœur, en développant les plus pures et les plus vives de toutes les sympathies humaines...

« Sans doute, le sentiment conjugal émane d'abord, surtout chez l'homme, d'un instinct sexuel qui est purement égoïste, et sans lequel pourtant l'affection mutuelle aurait, d'ordinaire, trop peu d'énergie. Mais le cœur plus aimant de la femme a beaucoup moins besoin, en général, de cette grossière excitation. Dès lors, sa pureté supérieure réagit heureusement pour ennoblir l'attachement masculin. La tendresse est, en elle-même, si douce à éprouver, que, quand elle a commencé sous une impulsion quelconque, elle tend à persister par son propre charme après la cessation de la stimulation initiale. Alors l'union conjugale devient le meilleur type de la véritable amitié, qu'embellit une incomparable possession mutuelle. Car l'amitié ne peut être complète que d'un sexe à l'autre, parce que là seulement elle se trouve exempte de toute concurrence actuelle ou possible. Aucune autre liaison volontaire ne comporte une pareille plénitude de confiance et d'abandon. Telle est donc la seule source où nous puissions goûter entièrement le vrai bonheur humain, consistant surtout à vivre pour autrui. »

« Il suffit — continue plus loin Comte — d'avoir saisi la principale destination du lien conjugal pour comprendre aussitôt ses conditions nécessaires, où l'intervention sociale ne tend, en général, qu'à consolider et à perfectionner l'ordre naturel.

« D'abord, cette union fondamentale ne peut atteindre son but essentiel qu'en étant à la fois exclusive et indissoluble. Ces deux caractères lui sont tellement propres, que les liaisons illégales tendent elles-mêmes à les manifester. L'absence actuelle de tous principes moraux et sociaux permet seule de comprendre qu'on ait osé ériger doctoralement l'inconstance et la frivolité des affections en garanties essentielles du bonheur humain. Aucune intimité ne peut être profonde sans concentration et sans perpétuité; car la seule idée du changement y provoque. Entre deux êtres aussi divers que l'homme et la femme, est-ce trop de notre courte vie pour se bien connaître et s'aimer dignement? »

Pour comprendre pleinement le sens de cette dernière phrase, il faut savoir que Comte pensait, à l'encontre d'un préjugé assez répandu, que se bien connaître devait ordinairement développer l'attachement mutuel. En effet, écrivait-il, « loin de taxer d'illusion la haute idée que deux vrais époux se forment l'un de l'autre, je l'ai presque toujours attribuée à l'appréciation plus profonde que procure seule une pleine intimité, qui d'ailleurs développe des qualités inconnues aux indifférents. On doit

même regarder comme très honorable pour
notre espèce cette grande estime que ses membres s'inspirent mutuellement quand ils s'étu-
dient beaucoup. Car la haine et l'indifférence
mériteraient seules le reproche d'aveuglement
qu'une appréciation superficielle applique à
l'amour. »

Dans la page que je viens de rapporter,
Comte, on l'a vu, parle de l'indissolubilité nécessaire du lien conjugal. C'est dire qu'il est
opposé au divorce. Personne même n'a combattu
cette institution révolutionnaire avec plus de
force que lui. « Vainement, écrit-il, argue-t-on
de quelques dangers exceptionnels ou secondaires, dont la réalité est trop incontestable,
pour déprécier aujourd'hui cette indispensable
fixité, si heureusement adaptée, en général.
aux vrais besoins de notre nature, où la versa-
tilité n'est pas moins pernicieuse aux sentiments
qu'aux idées, et sans laquelle notre courte
existence se consumerait en une suite intermi-
nable et illusoire de déplorables essais, où l'aptitude caractéristique de l'homme à se modifier
conformément à toute situation vraiment im-
muable serait radicalement méconnue, malgré
son importance extrême chez les organismes
peu prononcés, qui composent l'immense majorité. L'obligation de conformer sa vie à une
insurmontable nécessité, loin d'être réellement
nuisible au bonheur de l'homme, en constitue
ordinairement, au contraire, pour peu que cette
nécessité soit tolérable, l'une des plus indispensables conditions, en prévenant ou contenant
l'inconstance de nos vues et l'hésitation de nos
desseins ; la plupart des individus étant bien

plus propres à poursuivre l'exécution d'une conduite dont les données fondamentales sont indépendantes de leur volonté, qu'à choisir convenablement celle qu'ils doivent tenir, on reconnaît aisément, en effet, que notre principale félicité morale se rapporte à des situations qui n'ont pu être choisies, comme celles, par exemple, de fils et de père. »

Mais il y a des cas où l'obligation de conformer sa vie à une insurmontable nécessité est une chose intolérable; il y a des mariages irrémédiablement malheureux. Or, ici l'indissolubilité du lien n'est-elle pas une entrave au bonheur, puisqu'elle vous interdit d'essayer de le reconstituer ailleurs? — Il est vrai, et en argumentant d'après de tels cas, les partisans du divorce ou de l'union libre triompheront aisément. C'est d'ailleurs un moyen assez employé par les démolisseurs, que de mettre en avant des cas exceptionnels. Or il n'est rien qui puisse résister à un tel procédé. Vous voulez détruire la monarchie, vous dites : il y a des rois qui sont des tyrans. Vous voulez détruire l'autorité paternelle, vous dites : il y a des pères incapables ou injustes. Vous voulez détruire le mariage, vous dites : il y a des unions intolérables. Et cela est évident, puisque tout cela tient à l'imperfection de l'homme, et que cette imperfection n'est pas niable. Mais je le répète, si l'on veut tirer argument des cas exceptionnels, on en arrive forcément à la négation, au renversement de toute autorité, de toute règle sociale. Aussi la sagesse veut qu'on s'en tienne à ce principe d'Auguste Comte : la généralité nécessaire des règles ne doit pas être jugée d'après leurs anomalies.

5

Tout ce que l'on peut faire, c'est de travailler
à ce que les anomalies se fassent plus rares.
Or, pour ce qui est du mariage, Comte conseillait une réforme, qui, disait-il, implantée dans
les mœurs, empêcherait beaucoup d'unions
malheureuses de se conclure; cette réforme,
c'est la suppression des dots et des héritages
pour les femmes. Comte écrit à ce propos :
« L'homme doit nourrir la femme : telle est la
loi naturelle de notre espèce en harmonie avec
l'existence essentiellement domestique du sexe
affectif. Cette règle, que manifeste même la plus
grossière sociabilité, se développe et se perfec-
tionne à mesure que l'évolution humaine s'ac-
complit. Tous les progrès matériels que réclame
la situation actuelle des femmes se réduisent à
mieux appliquer ce principe fondamental, dont
les conséquences doivent réagir sur toutes les
relations sociales, surtout quant aux salaires
industriels...

« Tel est donc, à ce sujet, le vrai sens de la
progression humaine : rendre la vie féminine de
plus en plus domestique, et la dégager davantage
de tout travail extérieur, afin de mieux assurer
sa destination affective. Les privilégiés ont déjà
reconnu que tout effort pénible doit être épar-
gné aux femmes. C'est presque le seul cas où
nos prolétaires doivent imiter, quant aux relations des deux sexes, les mœurs de leurs chefs
temporels. A tout autre égard le peuple occidental sait mieux qu'eux les devoirs pratiques
des hommes envers les femmes. Il rougirait
même le plus souvent des barbares corvées
imposées encore à tant de femmes, si notre
régime industriel permettait déjà d'éviter une

telle monstruosité. C'est surtout parmi nos grands et nos riches qu'on voit ces vils marchés, d'ailleurs si fréquemment frauduleux, où une immorale intervention détermine à la fois la dégradation d'un sexe et la corruption de l'autre. En faisant mieux ressortir la vraie vocation de la femme, et en élargissant davantage le choix conjugal, les mœurs modernes éteindront rapidement la honteuse vénalité résultée aussi de l'usage des dots, déjà presque nul chez nos prolétaires. Le principe positiviste sur les obligations matérielles de l'homme envers la femme écartera systématiquement ce reste de barbarie, même parmi nos privilégiés. Pour y mieux parvenir, il suffira de réaliser une dernière conséquence de la théorie sociologique du sexe affectif, en interdisant aux femmes tout héritage. Sans cette suppression, celle des dots serait éludée par un escompte spontané. Dès que la femme est dispensée de toute production matérielle, c'est à l'homme seul que doivent revenir les instruments de travail que chaque génération prépare pour la suivante. Loin de constituer aucun vicieux privilège, un tel mode de transmission se lie naturellement à une grave responsabilité. Ce n'est point parmi les femmes que cette mesure complémentaire suscitera une sérieuse opposition. Une saine éducation leur en fera d'ailleurs comprendre l'utilité personnelle, pour les préserver d'indignes poursuivants. Cette importante prescription ne doit même devenir légale qu'après avoir librement prévalu dans les mœurs par l'universelle conviction de son aptitude à consolider la nouvelle constitution domestique. »

On n'aura pas de peine d'ailleurs, déclarait
Comte, « à faire prévaloir cette résolution parmi
les femmes, quand leur existence matérielle
sera dignement assurée d'après les devoirs privés garantis par les convictions publiques ». Et
il ajoutait : « On a souvent déploré les caprices
que produit la richesse oisive chez celles qui
veulent ainsi commander au lieu d'aimer. Mais
la dégradation morale m'a paru plus grande
encore quand la femme s'enrichit par son propre travail. L'âpreté continue du gain lui fait
perdre alors jusqu'à cette bienveillance spontanée que conserve l'autre type au milieu de
ses dissipations. Il ne peut exister de pires chefs
industriels que les femmes. »

Tout ceci fait entrevoir que Auguste Comte,
tout en plaçant très haut la femme, condamne
pourtant les théories qui veulent en faire l'égale
de l'homme et que nous appellerions aujourd'hui
féministes. Entre l'homme et la femme il n'y a
pas d'égalité. Il y a supériorité chez la femme
à certains points de vue, il y a supériorité chez
l'homme à d'autres points de vue, et par cela
même il doit y avoir entre eux division des
fonctions.

La prééminence naturelle aux femmes au
point de vue sentiment, dit en effet Comte, ne
saurait leur procurer l'ascendant social qu'on
a osé quelquefois rêver pour elles. Car l'homme
surpasse évidemment la femme pour tous les
genres de forces, non seulement de corps, mais
aussi d'esprit et de caractère. Or, comme la vie
pratique exige sans cesse une pénible activité,
elle est nécessairement dominée par la force

et non par l'affection. Certes, si nous étions
affranchis de toute nécessité matérielle, s'il ne
s'agissait que d'aimer, la femme régnerait.
Mais pour lutter contre les rigueurs de notre
destinée, il faut agir et penser. Dès lors,
l'homme doit commander, malgré sa moindre
moralité.

Il doit commander d'abord dans la vie de famille. « Les plus audacieux niveleurs, écrit
Comte, n'osent point étendre ordinairement
leurs utopies subversives jusqu'à la communauté conjugale, qu'ils sentent naturellement
incompatible avec une égalité chimérique. Entre
deux êtres seulement, que rallie spontanément
une profonde affection mutuelle, aucune harmonie ne saurait persister que si l'un commande
et l'autre obéit. Le plus grand des philosophes,
en ébauchant, il y a vingt-deux siècles, la vraie
théorie de l'ordre humain, disait, avec une
admirable délicatesse, trop méconnue chez lui :
« La principale force de la femme consiste à
surmonter la difficulté d'obéir. »... C'est afin de
mieux développer sa supériorité morale que la
femme doit accepter avec reconnaissance la juste
domination pratique de l'homme. Quand elle
s'y soustrait d'une manière quelconque, son
vrai caractère, loin de s'ennoblir, se dégrade
profondément, puisque le libre essor de l'orgueil
ou de la vanité empêche alors la prépondérance
habituelle des sentiments qui distinguent la nature féminine. Cette funeste réaction affective
résulte même d'une indépendance passivement
due à la richesse ou au rang. Mais elle se développe davantage si la révolte exige des efforts
artificiels, où la femme détruit aveuglément sa

principale valeur, en voulant fonder sur la force
un ascendant que peut seule obtenir l'affection. »

L'homme doit d'autre part commander dans
la vie publique. Ainsi Comte regarde comme
un progrès d'avoir exclu tour à tour les femmes des fonctions sacerdotales, de la royauté
comme de toute autre autorité politique. Et
il déclare la tendance actuelle féministe une
véritable rétrogradation dont les femmes ne
pourront que souffrir. Si, en effet, dit-il, elles
obtenaient jamais l'égalité temporelle que certains réclament pour elles, leurs garanties
sociales en seraient aussi éprouvées que leur
caractère moral. « Car elles se trouveraient ainsi
assujetties, dans la plupart des carrières, à une
active concurrence journalière qu'elles ne pourraient soutenir, en même temps que la rivalité
pratique corromprait les principales sources de
l'affection mutuelle. »

A l'encontre de ces « rêves subversifs », il
faut tendre, concluait Comte, à « rendre la vie
féminine de plus en plus domestique et à la
dégager davantage de tout travail extérieur,
afin de mieux assurer sa destination affective ».

Mais il ne s'ensuit pas que les femmes doivent se désintéresser de la vie publique. Elles
y participent, en effet, indirectement et dans
une mesure importante, puisque c'est à elles
qu'est confiée principalement l'éducation domestique, et qu'ainsi elles ont la mission capitale
de former pour la patrie des citoyens. « C'est
la seule manière, écrit Comte, dont la provi-
dence féminine puisse habituellement participer à la vie politique. Une intervention plus

directe altérerait bientôt la supériorité du sexe
aimant, laquelle ne peut se développer assez que
dans l'enceinte privée, la seule qui puisse être
exempte de toute ambitieuse séduction et de
tout calcul absorbant. »

CHAPITRE VIII

Le gouvernement

Nous avons vu plus haut, en exposant la critique que le positivisme fait du socialisme, que Comte se montre favorable à l'hérédité en général, et en particulier qu'il la regardait comme ayant, dans l'ordre des professions ou des fonctions, des effets éminemment bienfaisants. Or allait-il en ce sens jusqu'à préconiser l'hérédité de la fonction suprême, du gouvernement ? En d'autres termes, Comte est-il royaliste ? Non, Comte n'est pas royaliste. Mais nous allons voir que ses conceptions touchant le gouvernement se rapprochent singulièrement des conceptions royalistes

Comte est d'abord fortement opposé à tous les régimes révolutionnaires. On sait quel est, au point de vue politique, l'idéal révolutionnaire. La Révolution rêve un gouvernement qui soit tel, que chacun en lui obéissant n'obéisse pourtant qu'à sa propre volonté individuelle. Le problème est théoriquement résolu par l'élection du gouvernement au suffrage universel, un tel gouvernement étant, en effet, censé représenter la volonté de chacun. Gouvernement démocratique ou, plus explicitement, gouvernement du peuple par le peuple, tel est donc le dogme révolutionnaire.

Or, ce dogme de la souveraineté du peuple, le positivisme le considère comme un dogme exclusivement négatif, c'est-à-dire pouvant servir, comme en effet il a servi, à détruire les autorités établies, mais sur lequel on ne peut rien construire. Gouvernement du peuple par le peuple cela équivaut pour le positivisme à : suppression de tout gouvernement.

Aussi c'est là une conception contre laquelle Comte s'est élevé avec force. « Tout choix des supérieurs par les inférieurs, disait-il, est profondément anarchique. » Et il appelait le suffrage universel, la dernière forme de notre maladie politique, et il déclarait que le positivisme devait s'employer à nous en guérir. Jamais il n'a fait à la démocratie nulle concession. Aussi a-t-il pu se rendre à lui-même ce témoignage : « Depuis plus de trente ans que je tiens la plume philosophique, j'ai toujours représenté la souveraineté du peuple comme une mystification oppressive, et l'égalité comme un ignoble mensonge. »

Mais alors quel gouvernement faut-il? Tout d'abord Comte déclare formellement : il importe de reconstituer le pouvoir central, dont la place a été usurpée par le pouvoir local; il importe de détruire ce pouvoir local, en d'autres termes détruire le parlementarisme.

Comte est très net là-dessus. Chaque fois qu'il a abordé la question du parlementarisme, il s'est élevé contre ce régime politique avec la plus grande force, même avec la plus grande violence. C'est un régime, disait-il, qui est contraire à l'ensemble de notre passé, et qui n'offre à nos mœurs politiques qu'une vaine imitation d'un gouvernement essentiellement propre à la transition anglaise. C'est un régime, disait-il aussi, qui a été introduit sous le prétexte de garantir la liberté, et qui effectivement, ne peut que faciliter le développement de l'oppression en dispersant la responsabilité. Il fausse les esprits, déclarait-il encore, par l'habitude des sophismes continuels, corrompt les cœurs d'après des mœurs vénales ou anarchiques, et dégrade les caractères sous l'essor croissant des tactiques parlementaires.

Aussi, devant la chute du parlementarisme, en 1852, Comte s'écriait : « Je me sens profondément soulagé du joug anarchique des parleurs arrogants et intrigants qui nous empêchaient de penser. »

Contre ces parleurs, contre ce personnel parlementaire Comte est très dur. Ce n'est pas une des moins fatales illusions des sociétés actuelles, disait-il, que d'attendre la réorganisation de ceux-là mêmes, avocats et rhéteurs, qui sont ordinairement le plus incompétents et même essentiellement antipathiques à l'égard d'une véritable réorganisation. Voici d'ailleurs une page qui donnera une idée de la juste sévérité avec laquelle Auguste Comte juge les rhéteurs et les avocats qui, disait-il, sous des types de plus en plus dégradés, sont devenus d'abord dans la tribune et surtout ensuite dans le journalisme, les directeurs provisoires de l'opinion publique : « Tout homme, pour ainsi dire, écrit Comte, qui sait tenir une plume, quels que soient d'ailleurs ses vrais antécédents intel-

lectuels, peut aujourd'hui aspirer, soit dans la
presse, soit dans la chaire métaphysique, au
gouvernement spirituel d'une société qui ne lui
impose aucune condition rationnelle ou morale :
le siège est vacant, chacun est encouragé à s'y
poser à son tour. Pareillement, celui qui,
d'après un suffisant exercice, a développé une
pernicieuse aptitude absolue à disserter, avec
une égale apparence d'habileté, pour ou contre
une opinion ou une mesure quelconque, est, par
cela seul, admis à concourir, dans le sein des
plus éminents pouvoirs politiques, à la direction immédiate et souveraine des plus graves
intérêts publics. C'est ainsi que des qualités
purement secondaires, qui ne sauraient avoir
d'emploi utile, ni même vraiment moral, que
par leur intime subordination continue à de
véritables principes, sont aujourd'hui devenues
monstrueusement prépondérantes : l'expres-
sion, écrite ou orale, tend à détrôner la conception. A une époque de convictions indécises et
flottantes, il a naturellement fallu des organes
caractérisés par le vague de leurs habitudes intellectuelles et par leur défaut habituel d'opinions arrêtées... Si une telle phase ne devait
pas être nécessairement passagère, elle consti-
tuerait, ce me semble, la plus honteuse dégéné-
ration sociale, en investissant à jamais de la
suprématie politique des classes aussi évidemment vouées, par leur nature, à la subalternité,
dans tout ordre vraiment normal. En plaçant
ainsi, en première ligne, les talents d'élocution
ou de style, la société fait aujourd'hui, pour les
questions les plus fondamentales qu'elle puisse
jamais agiter, ce qu'aucun homme sensé n'ose-

rait habituellement tenter à l'égard de ses moindres affaires personnelles. Doit-on s'étonner que, par une semblable disposition, elle tende de plus en plus à constituer l'entière domination des sophistes et des déclamateurs? Par quelle étrange inconséquence peut-on si fréquemment déplorer leur pernicieuse influence, après leur avoir ainsi presque exclusivement ouvert, à l'unanime sollicitation des partis les plus contraires, toutes les grandes voies politiques? »

Et lorsque Comte s'élève avec cette force, cette violence, contre le parlementarisme, ce contre quoi il s'élève, c'est contre le régime lui-même, et non contre une corruption plus ou moins grande du régime. D'ailleurs il n'avait connu qu'un parlementarisme pratiqué avec toute l'honnêteté possible. Cela ne l'empêche pas pourtant de regarder comme de la plus urgente nécessité la reconstitution de l'autorité centrale dans la plénitude de ses pouvoirs aussi bien législatifs qu'exécutifs, reconstitution qu'en plus il fallait, disait-il, se garder d'altérer « par des formalités puériles ou vicieuses ». Quant au pouvoir local, ou plus exactement à l'assemblée représentant le pouvoir local, Comte réduisait ses attributions au vote de l'impôt et au contrôle des comptes antérieurs.

Mais lorsque nous parlons de restreindre les attributions du pouvoir local, il ne faut pas confondre. Comte ne s'élève contre le pouvoir local qu'en tant que ce pouvoir empiète sur l'autorité centrale. Mais pour ce qui est du pouvoir local, relativement à ses attributions de gouvernement local, Comte voulait le reconstituer lui aussi. En d'autres termes il préconisait la décentralisation : « Il faut, écrivait-il, diminuer la domination matérielle de Paris sur les provinces françaises, maintenant opprimées sous un excès de centralisation. » Même il avait, en vue de cette réforme, établi une division de la France en dix-sept régions. Cependant il conseillait, étant donnée notre anarchie intellectuelle et morale, de ne décentraliser que progressivement, avec une très grande prudence et sagesse.

Mais si Comte voulait reconstituer le pouvoir central, quelle sorte de pouvoir central imaginait-il ?

Je l'ai déjà dit, Auguste Comte n'était pas royaliste. Ce n'est pas à dire pourtant qu'il fasse preuve d'une véritable hostilité contre la monarchie. Chaque fois, en effet, qu'il parle de ce régime, il lui rend le plus grand hommage. Et je n'entends pas seulement lorsqu'il juge historiquement de l'œuvre de la monarchie, mais encore lorsqu'il parle de la monarchie qu'il avait connue, sous laquelle il avait vécu, de la monarchie de la restauration. Ainsi, par exemple, à propos de son *Appel aux Conservateurs*, il écrivait dans une lettre datée de 1855 : « Dimanche je commencerai ma préface, qui sera finie le surlendemain. J'y saisirai l'occasion de témoigner ma reconnaissance envers le régime trop méconnu de la restauration, sous lequel je vis paisiblement surgir mes méditations les plus fondamentales... Ce prélude sera pleinement conforme à la préférence, systématisée dans tout l'opuscule, que j'accorde aux rétro-

grades sur les révolutionnaires (1). Quelque
indignation que ceux-ci puissent en ressentir,
je dois dignement témoigner le regret que
m'inspira la chute du régime le plus honnête,
le plus noble et le plus vraiment libéral de tous
ceux sous lesquels j'ai vécu. » Et, comme il l'an-
nonçait ici, Comte rend, en effet, plein hommage, dans la préface en question, au gouvernement de la restauration. « Ma gratitude est
d'autant plus libre, y écrit-il, que quoique la
légitimité m'ait toujours paru fournir le meilleur mode pour instituer la transition organique, je la regarde depuis longtemps comme
ayant irrévocablement perdu, chez le peuple
central, toute éventualité politique. » Ainsi
donc, Comte ne regardait pas comme probable
une nouvelle restauration. Pourtant, disait-il,
il y a un cas où la monarchie pourrait passagè-
rement revivre, les amis de l'ordre étant poussés vers ce moyen de salut, c'est dans le cas
où l'anarchie parlementaire serait rétablie mo-
mentanément.

Mais enfin Comte, en dehors de ce cas, rejet-
tait une telle restauration. Toutefois il faut remarquer que quand il rejette la monarchie, c'est
la monarchie de droit divin qu'il a en vue. D'ailleurs il ne concevait pas qu'il pût y en avoir
une autre. Un roi est à son sens le représentant d'une caste spéciale, dont la souveraineté
repose sur un droit théologique appartenant à
sa caste, ou alors ce n'est pas un roi. Or, étant

(1) Comte écrivait à ce propos dans une autre lettre à l'un de
ses disciples : « Vous sentirez de plus en plus que nos principaux
adversaires se trouvent réellement parmi les révolutionnaires
invétérés bien davantage que chez les catholiques sincères. »

données les conceptions positivistes, on comprend que Comte ne pouvait pas plus être pour le droit divin que pour le droit populaire; pas plus pour la théologie que pour la métaphysique.

Mais alors pour quel régime était-il? Je suis pour la République, disait Comte. Par là il entendait : je suis pour la chose publique, pour l'intérêt de la collectivité. Par ce mot de République, en effet, il ne visait pas tant une forme de gouvernement que le sens étymologique du mot.

L'inconvénient que je vois à ceci, c'est que l'on ne peut éviter les associations d'idées que certains mots entraînent avec eux. Il en est du mot république comme du mot socialisme. Tous deux, entendus dans leur sens primitif, ont une signification très saine. Et pourtant il est devenu prudent de n'en pas user, par suite du sens corrompu qu'ils ont fini par prendre. Le mot de république, lui, a fini entre autres par embrasser tout un ensemble d'idées qui précisément se trouvent les plus rejetées par Comte. Si actuellement vous vous déclarez républicain, on entend que vous êtes partisan avant tout de l'élection des gouvernants par le suffrage universel, partisan de la démocratie, partisan des droits populaires. Or cette élection, ces droits, cette démocratie, il n'y a rien que Comte condamne aussi formellement.

Quand Comte se déclarait républicain, simplement donc, je le répète, il voulait dire : je ne vois d'autre fondement au pouvoir que l'intérêt de la collectivité; je suis par conséquent pour le gouvernement qui garantira le mieux cet intérêt.

Mais, dira-t-on, s'il était prouvé que le gou-

vernement qui garantit le mieux l'intérêt de la
collectivité est celui qui est fondé sur l'hérédité,
nous voilà donc par un détour revenus à la monarchie ? Comte, si on lui avait posé une telle
question, eût répondu, je présume : « Non pas. »
Car, comme je l'ai dit, pour lui un gouvernement qui se fût trouvé ainsi dépouillé de toute
consécration théologique n'eût pas été une véritable monarchie. Il l'eût qualifié, sans doute,
dictature héréditaire, mais non royauté. Un
dictateur, d'après lui, diffère, en effet, d'un
roi en ce qu'il ne se réclame d'aucun droit,
mais se regarde seulement comme une simple
nécessité de fait.

Pour rentrer dans ses vues, disons donc
dictature héréditaire, au lieu de monarchie. Or,
une dictature héréditaire, est-ce là le gouvernement pour lequel Comte se prononçait ? Oui
et non. Il voulait une dictature héréditaire, mais
basée seulement sur une certaine hérédité. Il
conseillait, non l'hérédité fondée sur la naissance, mais l'hérédité résultant du choix, et qu'il
appelait l'hérédité sociocratique. En un mot, il
voulait que le chef du gouvernement, comme
d'ailleurs chaque fonctionnaire, choisisse lui-
même son successeur, sauf, pour les fonctionnai-
res, ratification du choix par les autorités supé-
rieures. Il pensait, en effet, qu'un tel mode de
transmission du pouvoir, tout en offrant l'avan-
tage d'écarter le mode anarchique de l'élection
et d'assurer la continuité, était d'autre part le
plus propre à fournir des gouvernants capables,
le digne organe d'une fonction quelconque,
disait-il, étant toujours le meilleur juge de son
successeur.

Quant au chef, quant au dictateur ainsi choisi,
il faut, déclarait Comte, lui accorder pleine
confiance, toutes les complications sociales inspirées par la défiance n'aboutissant réellement
qu'à l'irresponsabilité.

Ceci nous fait entendre qu'il ne faut pas
chercher dans Comte ce que l'on appelle une
constitution. Les constitutions sont ces complications sociales inspirées par la défiance, dont il
parle, et qui n'aboutissent qu'à l'irresponsabilité.
Elles n'ont en vue que de brider, d'annuler
l'autorité. Et Comte veut qu'on accorde à
l'autorité pleine confiance. Point de constitution
donc, du moins de constitution écrite. Car il
s'en élaborera nécessairement une non écrite,
mais qui sera l'œuvre du temps, et non d'un
législateur. Le législateur, ou plutôt le philosophe, lui, ne peut que poser des principes.
C'est aux siècles à en développer les conséquences : « La prétention, écrit Comte, de
construire d'un seul jet, en quelques mois, ou
même en quelques années, toute l'économie
d'un système social dans son développement
intégral et définitif est une chimère extravagante, absolument incompatible avec la fai-
blesse de l'esprit humain. » Et il ajoutait : « Ce
sera un profond sujet d'étonnement pour nos
neveux, lorsque la société sera vraiment réorga-
nisée, que la production, dans un intervalle de
trente ans, de dix constitutions toujours procla-
mées l'une après l'autre, éternelles et irrévoca-
bles, et dont plusieurs contiennent plus de
deux cents articles très détaillés. » Et il déclarait qu'un tel verbiage était la honte de l'esprit
humain.

Donc point de constitution. Simplement ce que Comte préconise c'est un mélange de dictature et de liberté. Dictature dans l'ordre temporel, ou, comme nous l'avons exposé, restauration de l'autorité centrale avec pleine restitution à cette autorité de l'ensemble du pouvoir temporel, afin de lui permettre le maintien de l'ordre matériel ; puis liberté dans l'ordre spirituel, ou plus exactement renonciation du pouvoir temporel à toute autorité spirituelle, — sauf répression néanmoins « des prédications vraiment anarchiques », — afin de livrer la réorganisation des opinions et des mœurs à la libre concurrence des doctrines capables de l'accomplir.

**
*

Mais une dictature française autre que la dictature royale peut-elle surgir dans notre pays ? se demande l'un des exécuteurs testamentaires de Comte, M. Antoine Baumann. Et M. Baumann de répondre : « Je dis qu'un dictateur *français* ne peut surgir, et je souligne encore une fois ce qualificatif indispensable. Il est, en effet, dans les éventualités admissibles que l'anarchie parlementaire aboutisse à un tel gaspillage de nos forces vives qu'une dictature s'impose de toute nécessité. Mais, dans ce cas, le chef de l'Etat ne sera que l'agent de l'étranger. » M. Baumann nous explique alors pourquoi il est convaincu que si un gouvernement dictatorial devient une fatalité inéluctable, c'est la puissance occulte au pouvoir de laquelle notre pays est tombé, puissance occulte qui est dominée par l'étranger, qui désignera le dictateur, puis il écrit : « Qu'on ne dise pas : Devant un dictateur personnifiant l'influence étrangère le pays se réveillera. Les apparences continueront à être sauvegardées, et la foule moutonnière absorbée par ses préoccupations de commerce, d'industrie, d'agriculture, de salaire, voire de famille, n'y verra rien. Au besoin, on montera quelque nouvelle machination tapageuse pour l'empêcher de voir et de réfléchir. La foule ne se réveille qu'après les catastrophes. Je ne me sens pas le courage de souhaiter pour notre pays de ces remèdes qui risquent de faire mourir.

« Puisqu'un dictateur français ne peut surgir parmi les simples citoyens, force nous est de le chercher dans les anciennes familles régnantes. Malgré tout, leurs membres gardent un prestige qui pourrait reprendre très vite beaucoup d'éclat.

« J'écarte résolument la famille napoléonienne : Un Bonaparte rêvera toujours de son grand ancêtre, lequel rêvait de l'ancien empire romain. La centralisation administrative et la mainmise sur le domaine spirituel des opinions et des croyances restera son idéal secret. S'il est obligé de faire des concessions à certains besoins trop impérieux de notre temps, ce sera bien à regret. Et, en somme, il tentera de nous faire marcher vers une absurde rétrogradation. »

Et M. Baumann conclut : « Le représentant de la famille capétienne reste donc notre unique ressource. »

TABLE DES MATIÈRES

Paris. — Imp. Levé, rue Cassette, 17. — S.

L'Action française
REVUE MENSUELLE
3, Chaussée d'Antin, Paris

ABONNEMENTS : Paris et Départements 8 fr. — Etranger 11 fr.

Pour les abonnés au journal quotidien L'ACTION FRANÇAISE
ces prix sont réduits à 6 fr. et 9 fr.

LE NUMÉRO : 0 fr. 60

LIGUE D'ACTION FRANÇAISE
3, Chaussée d'Antin, Paris

Président : Henri VAUGEOIS, *Vice-Président* : Charles MAURRAS
Secrétaire général : Léon de MONTESQUIOU

Déclaration

Français de naissance et de cœur, de raison et de volonté, je remplirai tous les devoirs d'un patriote conscient.

Je m'engage à combattre tout régime républicain. La République en France est le règne de l'étranger. L'esprit républicain désorganise la défense nationale et favorise des influences religieuses directement hostiles au catholicisme traditionnel. Il faut rendre à la France un régime qui soit français.

Notre unique avenir est dans la Monarchie telle que la personnifie Monseigneur le Duc d'Orléans, héritier des quarante rois qui, en mille ans, firent la France. Seule la Monarchie assure le salut public et, répondant de l'ordre, prévient les maux publics, que l'antisémitisme et le nationalisme dénoncent. Organe nécessaire de tout intérêt général, la Monarchie relève l'autorité, les libertés, la prospérité et l'honneur.

— Je m'associe à l'œuvre de la Restauration monarchique.
— Je m'engage à la servir par tous les moyens.

Les Membres donateurs paient une cotisation minimum de **cinquante fr.** par an.
Les Membres adhérents paient une cotisation annuelle minimum de **trois francs.**

Institut d'Action française
3, Chaussée d'Antin, Paris

COMITÉ DE PATRONAGE :
Comte Eugène de LUR-SALUCES, *Président*

CONSEIL DIRECTEUR :
MM. Charles MAURRAS, Henri VAUGEOIS, Léon de MONTESQUIOU
Lucien MOREAU, Jacques BAINVILLE

SECRÉTAIRE GÉNÉRAL :
M. Louis DIMIER, *agrégé de l'Université, docteur ès-lettres*

Les souscriptions ordinaires sont de cent francs, donnant droit à **trois** cartes d'entrée au cours.

Le droit d'inscription pour l'ensemble des cours est de **vingt francs.** Un seul cours, cinq francs.

Une réduction de 50 % est faite au profit des Etudiants inscrits aux Facultés libres et à l'Université.

Les cours ont lieu : 33, *Rue Saint-André-des-Arts.*

www.ingramcontent.com/pod-product-compliance
Lightning Source LLC
Chambersburg PA
CBHW070127100426
42744CB00009B/1760